INVENTAIRE
G25825

PYTHÉAS

DE MARSEILLE.

PYTHÉAS

DE MARSEILLE

ET

LA GÉOGRAPHIE DE SON TEMPS,

PAR JOACHIM LELEWEL.

OUVRAGE PUBLIÉ

PAR JOSEPH STRASZÉWICZ,

ORNÉ DE TROIS CARTES GÉOGRAPHIQUES,

DRESSÉES ET GRAVÉES PAR L'AUTEUR.

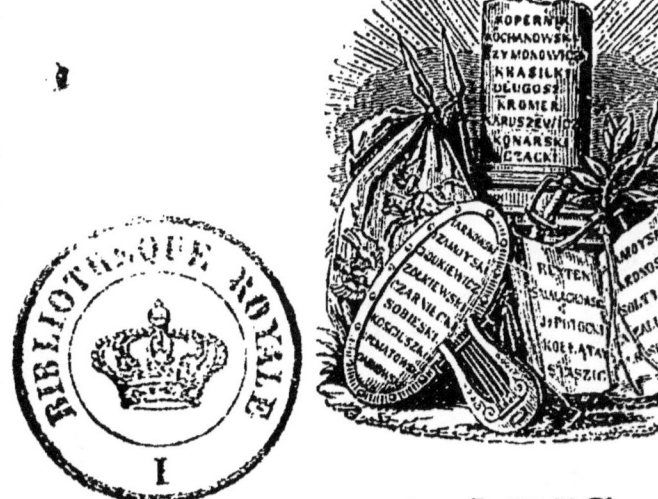

PARIS,

CHEZ L'ÉDITEUR, RUE DU COLOMBIER, N° 3,
ET A LA LIBRAIRIE POLONAISE, RUE DES MARAIS-SAINT-GERMAINS, N° 17 BIS.
IMPRIMERIE DE BOURGOGNE ET MARTINET,
SUCCESSEURS DE LACHEVARDIÈRE, RUE DU COLOMBIER, N° 30.

1836.

PRÉFACE DE L'ÉDITEUR.

L'histoire est pour l'homme studieux le plus vaste champ d'instruction, il y trouve l'expérience des siècles et les progrès de l'humanité. Chaque nation compte de nombreux amateurs qui la cultivent avec succès. Il se trouve aussi partout des savans qui, par leur génie et leur travail, s'élevant au-dessus des autres, laissent à la science des souvenirs impérissables. Parmi ceux-ci, je puis compter notre littérateur polonais Lelewel, bien connu en Europe par quelques publications particulières, mieux connu encore dans sa patrie par les services qu'il a rendus à l'histoire. Différents genres historiques ont été l'objet de ses études, mais il s'est surtout appliqué à l'histoire et à la géographie anciennes.

L'histoire ancienne qui fut pour tant d'écrivains un objet de prédilection, présenta encore à M. Lelewel une mine riche à exploiter. Ses auditeurs et ses lecteurs le mieux familiarisés avec ces siècles reculés, reconnurent toujours dans ses productions et ses publications nombreuses une érudition vaste, un esprit de recherches et de découvertes; de nouveaux aperçus, des observations inconnues ailleurs. Parmi les ouvrages qu'il a publiés sur les temps anciens, on remarque spécialement ses recherches sur l'histoire de la géographie chez les anciens Grecs et Romains.

Quelques savants et particulièrement Henri Voss en Allemagne et Gosselin en France, en rétablissant plusieurs systèmes géographiques des auteurs anciens ont rendu à la science d'importants services. Malte-Brun en France et Ukert en Allemagne ont rassemblé dans leurs ouvrages érudits tout ce qui a été dit ailleurs; nous pouvons cependant assurer que les travaux de M. Lelewel ont surpassé ceux de tous les autres écrivains sur ce sujet. Je citerai à l'appui de mon assertion plus de trente systèmes différents des anciens ébauchés dans son Atlas. Les savants qui se sont occupés de l'histoire de la géographie des anciens en ont parlé. Plusieurs journaux savants, donnent une opinion flatteuse de ses publications polonaises. Le journal des voyages publié par Eyriès a fait une mention très-honorable de la carte d'Agrippa, exposée publiquement à Rome sous Auguste, rétablie par notre auteur. M. Huot, dans son édition savante de Malte-Brun, cite l'opinion particulière de M. Lelewel sur le fameux géographe Ptolémée. En Allemagne, le savant géographe Ritter de Berlin, comprenant toute l'importance des œuvres de M. Lelewel désirait les faire traduire en allemand; il se plaint dans la préface placée en tête de la traduction allemande d'une petite brochure de M. Lelewel, de n'avoir pu exécuter ce désir.

Les savants étrangers pourront apprécier le mérite de notre historien dans les ouvrages de ce genre, par la lecture de son mémoire que je vais publier sur Pythéas de Marseille. Dans le court espace de temps qu'il contient, le monde savant jugera s'il ne s'y trouve pas à chaque page des renseignements neufs pour l'histoire de la géographie. A-t-on parlé, je le demande, du système mercantile des Karthaginois; de la grandeur de la terre fixée par Pythéas, des systèmes d'Eudoxe, d'Aristote de Cratès, de Dicéarche et de la carte géographique de Pythéas. Ce sont certainement des nouveautés pour la science à l'étranger, mais non pour la littérature polonaise qui les possède depuis vingt-deux ans : car la première publication polonaise d'une petite histoire de la géographie servant de prospectus et de programme pour ses publications suivantes, remonte à l'an 1814 (*). Elle annonça ses vastes conceptions, l'ensemble de

(*) Je citerai trois exemples pour donner une idée de cette ancienne publication de notre savant scrutateur. 1° Comparaison de la longitude géographique de la Méditerranée des cartes grecques et romaines, à l'époque où la géographie fut perfectionnée chez les anciens, avec la longitude d'aujourd'hui.

	Système Romain.	Grec.	Actuel.
Calpé	35 . 48	39 . 28	33 . 15
Carallis	17 . 50	18 . 38	18 . 23
Lilybeum	14 . 59	15 . 39	15 . 13
Détroit de Sicile	11 . 31		11 . 58
Pachynum	12 . 52	12 . 30	12 . 22
Ténar	5 . 40	5 . 35	5 . 31
Malea		4 . 59	4 . 40
Corycos	4 . 20		4 . 23
Criu-Métopon		4 . 35	4 . 24
Samonium	1 . 42	1 . 21	1 . 25
Rhode	0 . 00	0 . 00	0 . 00
Issus	7 . 56	7 . 56	8 . 14

2° Une autre comparaison du progrès de la géographie par les cartes de Mercator où l'on observe la réduction de la longitude Ptoléméenne de la Méditerranée.

	Ptolémée.	Mercator.		Actuellement.
Calpé	50 . 45	45 . 55	44 . 35	33 . 15
Carallis	25 . 45	25 . 35	25 . 15	18 . 23
Détroit de Sicile	18 . 55	17 . 45	17 . 55	11 . 58
Ténar	8 . 15	6 . 55	8 . 30	5 . 31
Rhode	0 . 00	0 . 00	0 . 00	0 . 00
Issus	11 . 15	12 . 10	10 . 40	8 . 14
La longueur de la mer Méditerranée	62 . 00	58 . 5	55 . 15	41 . 29

3° George Horn dans son ouvrage Ulisses Lugd. Batav. 1671 dit que Jean (Scolnus) z Kolna ou de Colno (petite ville de la Mazovie sur les confins de la Prusse) Polonais, étant au service de Chrétien, roi de Danemarck, découvrit le détroit d'Anian et la terre (Laboratoris) Labrador, en 1476. Cette découverte a donc précédé de quatre ans celle des Antilles faite par Cristophe Colomb.

ses idées, et les détails qu'il venait d'approfondir.

Dans son pèlerinage actuel, privé des notes qui pour être rassemblées, lui ont coûté, pendant toute sa vie, un travail immense, privé des volumes nombreux qui lui servaient autrefois et composaient sa collection de livres choisis ; n'ayant point de bibliothèque à sa disposition, il ne peut plus avancer dans ses travaux et il est forcé de cesser de s'occuper à la composition de nouveaux ouvrages : mais il peut revoir et perfectionner ses anciennes publications ; c'est ce qu'il entreprend aujourd'hui et nous avons le projet d'en faire traduire plusieurs, lorsque M. Lelewel s'occupera de rédiger en français et d'améliorer ses anciens ouvrages.

Dans ce but, M. Lelewel a rédigé un petit mémoire sur Pythéas, qui précède la publication française de toutes ses études sur l'antiquité. Si l'on compare ce mémoire à ses écrits polonais, on remarquera non seulement un exposé plus lucide, plus détaillé, mais encore des changements et des augmentations considérables. M. Lelewel a voulu honorer la nation française en relevant la mémoire d'un homme Grec-Gaulois d'origine, extraordinaire dans l'antiquité et remarquable par son génie. Je crois, en m'associant aux efforts de mon savant compatriote, faire un présent utile à la littérature française ; je profite de cette occasion pour annoncer aussi la prochaine publication des ouvrages de M. Lelewel sur l'histoire et la géographie anciennes. Elle sera partagée en six volumes accompagnés d'un atlas, savoir.

Volumes I et II : Histoire ancienne avec une chronique, les tables généalogiques et chronologiques, l'explication des cartes géographiques et plusieurs remarques particulières.

Volumes III et IV. Histoire de la géographie chez les anciens, contenant aussi les systèmes géographiques des anciens et leurs mesures itinéraires, précédés d'une introduction.

Le *volume* V contiendra, 1° l'analyse des connaissances géographiques, des écrivains antérieurs à Hérodote ; 2° Les découvertes des Karthaginois et des Grecs sur l'océan atlantique ; 3° Les relations commerciales des Phœniciens et des Karthaginois avec les Grecs.

Le *volume* VI contiendra, l'histoire ancienne de l'Inde ; la connaissance des anciens de l'Inde au-delà du Gange, de Sinia et de Sérique. La géographie sacrée des Indoux.

L'*Atlas* accompagnant les six volumes, sera composé de 60 à 70 cartes, plans et tableaux.

Joseph STRASZÉWICZ.

MÉDAILLES GRECQUES.

Massalia, Massilia.
Marseille.

Lacydon Portus
Massiliæ.

Massalia, Massilia.
Marseille.

Rodunusia Massiliorum.

MONNAIE MÉROVINGIENNE.

SIGIBERTVS. MASSILIA.

MASILIA. SIGIBERTVS BIX rex.

Sigebert I, roi depuis 561 jusqu'en 575.

GRACOS monétaire XPE christe !
VICTVIA CHIITVDA (rétrograde) victoria gothica.

PYTHÉAS
DE MARSEILLE
ET
LA GÉOGRAPHIE DE SON TEMPS.

> Per non concessas audaces ire tenebras
> Hesperii metas, extremaque littora mundi.
> PEDO ALBINOVANUS.

L'histoire et la géographie anciennes ont été l'objet particulier des études de ma jeunesse. Mes recherches sur la marche de la géographie chez les Grecs et les Romains ont été jadis publiées dans la langue polonaise. Le célèbre géographe de Berlin, Ritter, n'a pas réussi à les faire traduire en allemand, il n'a publié que la traduction d'un petit ouvrage qui traite des découvertes des Karthaginois et des Grecs sur l'Océan atlantique (1). ... ns cet ouvrage j'ai considéré Pythéas de Marseille comme voyageur, et j'ai cherché à déterminer ses découvertes. Malte-Brun et son savant éditeur Huot, dans leur histoire de la géographie, se sont servis mainte fois des résultats de mes observations : mais ils ont paru ignorer leur ensemble, parce qu'elles sont rédigées, dans une langue qui leur est inconnue, et M. Huot n'a pas remarqué, ou bien a négligé, ce que j'ai dit relativement à Pythéas.

Avec le temps j'espère soumettre aux savants, toutes mes recherches sur la géographie ancienne, par l'entremise de la langue française. Dans ce mémoire particulier, le seul Pythéas de Marseille va m'occuper. Il a déjà fatigué des centaines d'écrivains, qui, dans l'espace de 2270 ans, l'ont combattu avec acharnement, ou se sont efforcés de l'expliquer et de lui rendre justice. Dans les derniers siècles, les philologues et les scrutateurs de l'Allemagne et de la Scandinavie, depuis Rudbek jusqu'à

---

(1) La publication polonaise de ce petit ouvrage a été faite en 1821. La traduction allemande par *K. Neu*, de Thorn, est publiée par Ritter à Berlin, libraire de Schlesinges, 1831.

Murray et Ukert (2), ont entrepris cette même tâche bien pénible, avec un succès varié. La France y a pris aussi sa part. A l'invitation de Peiresc, Gassendi écrivait la défense et l'éloge de Pythéas ; Bougainville, d'Anville et Keralio appréciaient ses voyages (3); Gosselin dans la traduction de Strabon, marche pas à pas sur les difficultés qui se présentent dans les écrivains grecs à l'occasion de Pythéas et dans ses recherches, il traite Pythéas de menteur, ayant inventé un voyage qui n'a pas eu lieu (4). Nonobstant les objections de Gosselin, la question semblait être approfondie et épuisée. Mais on aime à revenir à ses anciennes connaissances, et Pythéas sera, plus d'une fois encore, l'objet des recherches. Lorsqu'on les reprend, on croit y trouver quelque chose de nouveau, une vérité, une idée, une combinaison quelconque inaperçue par les autres.

Les souvenirs de l'ancienne Gaule, débordant sur l'Europe et l'Asie, alimentant les colonies grecques et l'invasion romaine sur son sol, excitent un intérêt bien mérité. Cette considération m'a animé, lorsque je reprenais mes vieilles investigations ; car j'y retrouvais un sujet, qui n'est pas étranger au sentiment national de la France. Pythéas fut un Grec-Gaulois, et il illustra la Gaule, célèbre alors au dehors par ses fréquentes et terribles invasions. Il fut voyageur et géographe-astronome. Je vais le considérer sous ces deux points de vue. J'ai relu ce qu'ont dit Gosselin, Keralio, d'Anville, et Bougainville sur lui, pour éviter les répétitions des particularités suffisamment prouvées et généralement connues. Mais je crois qu'il est important, de rappeler plusieurs faits antérieurs et contemporains de Pythéas, ordinairement négligés, qui seront à même de démontrer la connexité des travaux de ce Gaulois-Grec avec les connaissances de son époque,

(2) *M. J. Ph. Murray* de Pythea Massiliensi, in comment. societ. Götting 1775. — En rédigeant mon mémoire, j'étais privé de ce commentaire savant et érudit. — *Mannert*, Geographie de Griechen, und Römer, tom. II et III. — *Fr. Aug. Ukert*, Géogr. der. Gr. und Römer Abth. I, pag. 112; Abth. II, pag. 298 à 309.

(3) Éclaircissement sur la vie et sur les voyages de Pythéas de Marseille, par *de Bougainville*, dans les mémoires de l'académie des inscr. tom. XIX. — Mémoire sur la navigation de Pythéas à Thulé, par *d'Anville*, dans ces mêmes mémoires, tom. XXXVII. — De la connaissance que les anciens ont eue des pays du nord de l'Europe, par *de Keralio*, dans ces mêmes mémoires, tom. XLV.

(4) Recherches sur la géographie systématique et positive des anciens, par P. F. J. *Gosselin*, tom. IV, Paris 1813.

et jetteront une lumière sur son mérite et les services qu'il a rendus à la science et aux connaissances humaines.

Relations des Grecs avec l'Occident, antérieures à Pythéas.

La Grèce est le berceau et le foyer de la civilisation européenne ou de l'Occident, qui se place à l'opposite de celle de l'Asie ou de l'Orient, radicalement différente de celle-là. La Grèce se rapprocha de bonne heure vers la lumière de l'Orient, et elle commença, il y a 4000 ans, à peupler de ses colonies la péninsule de l'Asie. Les Éoliens, les Ioniens et les Doriens, transplantèrent le génie de leur étroite patrie, sur les bords qui leur offraient des ports nombreux. La marine et le commerce, les y préoccupèrent et ils devinrent habiles navigateurs. Les Ioniens surpassèrent les autres, et parmi les Ioniens, les deux villes plus puissantes Phocée et Milet et les insulaires Samiens, se distinguèrent par leur activité et leurs expéditions lointaines. Mais il fallait des siècles à ces célèbres colonies asiatiques pour qu'elles arrivassent à cette habilité trop renommée.

La poésie ionienne, chantait depuis quelque temps la spatieuse Libye et la grandeur de l'île triangulaire où demeuraient les Siciliens : mais ces bornes du monde connu, n'étaient pas trop familières aux navigateurs ioniens. La vieille Grèce, leur mère-patrie, répétait les mêmes chants et avait aussi des navigateurs experts et une puissante marine dans Corinthe ; les Chalcidiens d'Eubœe avaient même des établissements sur les parages d'OEnotrie, où ils bâtirent une ville, Cumé (5) : cependant la Sicile ou l'île triangulaire fut comptée au nombre des parties du monde

---

(5) Dionys. Halic. antiq. rom. t. VII, pag. 419. — J'admets la réalité de cet établissement plus ancien que les autres, mais je ne saurais jamais concevoir comment on peut supposer une foule d'établissements très-anciens que les hypothèses postérieures des Grecs et des Romains inventaient, auxquelles toutes les notions géographiques et historiques sont contraires, et donnent une explication. M. Raoul-Rochette dans son ouvrage, Histoire critique des colonies grecques, a manifesté trop de confiance dans les écrivains grecs. Au rapport de Pline, il n'y a pas de mensonge que les Grecs n'inventent: c'est leur fiction et leurs conjectures qui les firent mentir. Envers eux, on ne peut pas se montrer crédule. L'ouvrage de M. Raoul-Rochette n'est pas une histoire critique, mais une compilation historique d'une immense érudition, qui indique les matériaux inépuisables pour les recherches.

inconnues et inabordables : tant fut grande la terreur qu'inspira la piraterie des Tyrrhéniens ou Étrusques (6).

Les voyages d'un Chalcidien, Théoclès, entrepris vers la Sicile, furent considérés comme une découverte. Il eut beaucoup de peine à décider les autres de le suivre. Cette découverte eut lieu 780 ans avant l'ère chrétienne. Les colonies ioniennes florissaient déjà et comptaient quatre siècles d'existence. Cette découverte, est une époque remarquable, car depuis ce temps-là les Grecs de toute part cheminaient vers l'Italie et la Sicile ; protégés par la puissance de Corinthe, ils y établissaient une multitude de colonies (7). La piraterie des Étrusques ne les effrayait plus.

Cent quarante ans après les voyages de Théoclès, d'autres voyageurs communiquèrent à leurs compatriotes, les autres découvertes. Un Crétois, Corobios, négociant en pourpre, se souvenant qu'il avait été autrefois emporté par les vents sur les côtes de la Libye, indiqua ce chemin, dans l'année 639 avant l'ère chrétienne, à ceux qui devaient fonder Cyrène. Dans cette entreprise, délaissé sur une île, il fut ravitaillé par un autre négociant Coléos, Samien, qui avait été poussé par le vent vers cette même île. Coléos voulait aller en Égypte, mais entraîné par les vents contraires il fut porté avec toute la pompe divine vers l'Occident jusqu'aux colonnes d'Hercule et jusqu'à Tartessos, dont l'Océan baignait les rives (8) : cette découverte était d'une importance incalculable. Les Ioniens y trouvèrent un commerce très-animé ; ils y virent les habitants du Nord apporter leurs produits aux Tartessiens et aux Phœniciens, qui y commerçaient. Entre les objets de trafic, on y avait l'étain. Les notions vagues sur les côtes du Nord et l'existence des îles d'où venait l'étain se répandaient chez les Grecs (9).

(6) Homeric. hymn. latrones 7 ; Ephor. ap. Strab VI, pag.. V.. p.; id. ap. Scymn. p.238, 289, Justin XX.

(7) Thucyd. VI, 3, Ephor. ap. Strab. VI, pag.   et ap. Scymn. 272.

(8) Θύῃ πεμπτά χριόμενοι, Hérodote IV, 145, 150, 152.

(9) L'étain était connu du temps d'Homère (Ilias XVIII, pag. 474, 565). Les Phœniciens furent les fournisseurs de ce métal. Midacrités fut le premier des Grecs, qui apporta ce métal dans son pays (Plin. VII, 57) ; peut-être fut-il le premier qui alla le chercher dans quelque entrepôt phœnicien. — Le succin ou l'ambre jaune, à l'opinion des écrivains les plus studieux, a été nommé pour la première fois par Eschyles vers 494 (Plin. XXX, 11). Le seul Hygin, fabula 154, a cru le voir dans un chant sur Phaéton, attribué à Hésiod.

Les Samiens ne négligèrent point de profiter de l'importante découverte de Coléos. Ils coururent tout le long de la mer interne pour y nouer des relations commerciales. Les autres Ioniens les suivirent, et particulièrement les Phocéens. La découverte de la mer Adriatique, de l'Étrurie, de l'Ibérie et de Tartessos, leur fut attribuée (10), car en côtoyant l'Europe, ils arrivèrent dans l'Océan jusqu'à Tartessos. A Tartessos régnait alors un roi, nommé Arganthonios (11), il aimait les Grecs et surtout les Phocéens.

Les Ioniens fréquentant le point le plus reculé de l'Occident, s'occupèrent en même temps, d'établir des colonies au-delà de Sicile : Monœcos sur les rives des Liguriens ; Héméroscopion sur celles des Ibères (12) ; Cybos sur celles des Libyens entremêlés de Phœniciens, qui habitaient dans leur pays (13). Les Phocéens donnèrent aussi origine à une colonie. Sous le commandement de Protis ou d'Euxène, ils descendirent sur les côtes des Salyens-Liguriens, qui les reçurent hostilement. Alors les Phocéens s'allièrent avec Nannus, chef des Gaulois-Segobrigiens. Nannus donna sa fille, nommée par les Grecs Aristoxène, en mariage à Protis, et les Phocéens fondèrent la ville de Marseille (14). Cette fondation eut lieu 600 ans avant l'ère chrétienne. Phocée comptait alors 530 ans d'existence (15). Après avoir signalé l'origine de Marseille, patrie de Pythéas, nous allons voir la position dans laquelle elle se trouva.

Malgré toute l'étendue et toute la perfection de la navigation ionienne, les Grecs avouaient, que, depuis des siècles, les Phœniciens étaient beaucoup plus exercés dans la marine. Ils savaient se diriger sur la petite Ourse, qui est moins brillante, mais d'un meilleur usage pour la navigation ; les Grecs se servaient seulement d'Hélice, ou de la grande Ourse, plus brillante

---

(10) Hérodote I, 163.
(11) Depuis 629, jusqu'à 549.
(12) Hecat. Milet. Europæ periegesis ap. Steph. Byz; Avieni ora marit. 473; Strab. III, pag. 159.
(13) Hecat. Milet. ap. Steph. Byz, voc Κύβος.
(14) Μασσαλία, *Massilia*.
(15) Aristot. de Massil. polit. ap. Athen. XIII, 5, et ap. Harpocrat. voce Μασσαλία; Timæus ap. Scymn. 213; Livius V, 34; Trog. Pomp. ap. Justin. XX, 5, XLIII, 3, 7; Plutarch. in Solone 2; Solinus II, 52.

et plus facile à reconnaître. Les pilotes phœniciens étaient familiarisés avec la mer jusqu'à tel point qu'ils traversaient toutes les hauteurs des eaux, sans que la vue du continent leur fût nécessaire, ils se dirigeaient en contemplant les astres. Les Grecs se tenaient ordinairement à la terre dont ils suivaient les côtes. Les Grecs savaient bien, que les Phocéens fréquentaient des mers qui leur étaient inconnues. Lorsqu'ils parcouraient les parages au-delà de Sicile, ils y voyaient les nombreux navires des Étrusques et des Phœniciens, qui croisaient pour le commerce et la piraterie (16); ils y trouvaient grand nombre de leurs marchés et entrepôts, ἐμπορία, et de leurs colonies, en Libye, en Ibérie et sur les îles; ils trouvaient des Phœniciens domiciliés dans le pays d'Arganthonios. Les Grecs tout en s'établissant sur la côte de l'Europe, se plaçaient en face des Phœniciens de l'Afrique, et s'entremêlaient avec eux sur différens points; se mettaient en contact avec leur commerce, leurs spéculations et leurs exploitations.

La piraterie n'empêchait plus les voyageurs et les négocians grecs, de tirer tout l'avantage des découvertes, et les géographes plus rapprochés de cette époque, ou ceux des logographes, qui se sont occupés de la description de la terre, furent à même de composer des récits très-détaillés sur les rivages de la Méditerranée, jusqu'au-delà du détroit d'Hercule. Ils y nommaient les indigènes et les colonies des Phœniciens, des Étrusques et des Hellènes de différentes races. Les Hellènes ne se plaignaient d'aucune entrave: la navigation était libre, ils étaient admis aussi franchement sur les marchés asiatiques de la Phœnicie propre, que sur ceux de ses colonies à l'Occident. Les nombreuses villes, colonies et entrepôts des Phœniciens, composaient une unité, dans laquelle la cité Tzor, ou Tyr avait la suprématie. Elle coucha sa main sur les mers, domina sur la Libye et l'Ibérie, repoussa les attaques réitérées des potentats du continent, et fit trembler les rois. Mais sa grandeur et sa puissance, ne résistèrent plus à la force majeure des Chaldéens, qui déployèrent leurs tentes à Babylone. Elle succomba en 585. La cité antique fut rasée, les Tyriens se réfugièrent en partie sur une île voisine,

---

(16) Κατὰ λῃστίαν ἢ ἐμπορίαν. Sur les relations commerciales des Phœniciens et des Karthaginois avec les Grecs, j'ai publié un ouvrage particulier, imprimé en polonais à Varsovie, 1814.

où ils bâtirent une autre ville du même nom, et ils allèrent en partie peupler leurs colonies lointaines. Mais la ville de Tyr, transférée et reconstruite sur l'île, tout en conservant ses anciens droits sur ses colonies et le titre de sa suprématie, se rangea sous le joug de Babylone et de Nabuchodonozor : ainsi Tyr et toutes les villes phœniciennes, entrèrent sous la domination étrangère; le roi de Babylone, conquit la Libye et l'Ibérie, et y envoya ses ordres (17). Cette catastrophe arriva, selon toute probabilité, quinze ans après la fondation de Marseille.

Mais quarante ans ne s'étaient pas écoulés depuis la fondation de Marseille, que la mère-patrie fut aussi atteinte par l'aggression étrangère. Phocée fut attaquée par Crœsus, roi de Lydie. Arganthonios, toujours ami des Phocéens, touché de leur danger, leur donnait des secours en argent pour élever leurs murailles, et les invitait de se réfugier dans ses états, en cas de désastre (18). Ils ne tardèrent pas à essuyer des revers, et lorsque la résistance devint impossible, ils se soumirent au roi de Lydie, excepté ceux des mécontents, qui préférèrent s'émigrer de leur patrie, plutôt que de subir le joug. Ils partirent vers l'Occident et y fondèrent en 565, une ville dans la Corse. Elle fut nommée Alalia (19).

Le joug de Crœsus ne fut que le prélude des malheurs plus déplorables qui devaient tomber sur les Ioniens et tous les Hellènes de l'Asie. Huit ans après, Cyrus roi des Perses, après avoir renversé le royaume de Lydie, somma les républiques ioniennes de se soumettre. Cet événement occasiona aux Phocéens en 554, des désastres plus terribles encore : car ils résistaient plus opiniâtrement et ils aimaient mieux quitter à jamais leurs foyers asservis, que de devenir esclaves des barbares. Peu de monde resta dans la ville ruinée, déchue et déserte ; la masse de la population, s'embarqua sur sa flotte nombreuse, et alla en Corse, rejoindre ses frères d'Alalia. Arganthonios survécut encore quelques années à ces désastres, sans avoir la satisfaction d'attirer les Phocéens fugitifs chez lui (20).

(17) Scriptores punici; Philostrat. Megasthenes et alii ap. Joseph. antiq. X. 11 ; contra Apion. I, pag. 454.
(18) Herodot. I, 153.
(19) Herodot. I, 165, Diod. Sicul. V, 13.
(20) Il mourut en 549.

Les deux colonies phocéennes, Marseille et Alalia, tout jeunes encore gagnaient infiniment en puissance, par la chute de leur mère patrie. Le génie et la force des Phocéens, ébranlés dans leurs fondements sur leur ancien terrain, se transportaient en Occident et y fesaient ombrage aux Phœniciens et aux Étrusques.

Comme la Lydie et les Ioniens, avec les autres peuples de l'Asie passèrent sous le joug des Perses, de même les Chaldéens succombèrent et en 528, Babylone et la Phœnicie furent conquises par les Perses. Toutes les villes phœniciennes et leurs colonies en Lybie et en Ibérie devaient servir les rois des Perses.

Au nombre des villes coloniales des Phœniciens, il s'en trouvait une bien antique et favorisée par des circonstances particulières. Elle portait le nom de la cité qui autrefois lui donna la première naissance; elle se nommait Tzor. Mais pour la distinguer de l'ancienne Tyr, elle était aussi appelée Nouvelle-Ville, *Karthage*, et le nom de Karthage prévalut. Renforcée par l'arrivée de nouveaux émigrés tyriens, elle pensa bientôt devoir se soustraire à sa dépendance, à l'empire du continent et se débarrasser de tous les commerçans et navigateurs sur les mers au-delà de la Sicile, étendre ses conquêtes et détruire toute marine étrangère. Karthage inventa une politique mercantile et la suivit, elle seule dans l'antiquité.

Les avantages et les victoires remportées par Maleus chef des Karthaginois, dévoilèrent bientôt aux Grecs leur tendance atroce. Karthage réunit, toutes les forces des Phœniciens et des Étrusques ses alliés, et attaqua les Phocéens. De part et d'autre, on comptait 60 vaisseaux et la bataille eut lieu en 536 sur la mer Sarde. L'invincible Maleus fut vaincu et les flottes des deux nations coalisées, détruites. Mais c'était une victoire cadméenne, à l'expression des Grecs, qui tournait au désavantage des vainqueurs. Cette action leur fut désastreuse, ils perdirent 40 vaisseaux coulés à fond, le reste fut endommagé. Les vaincus se rétablirent bientôt de leur échec, et les Phocéens affaiblis, sans moyens de réparer leur perte, ne purent plus tenir tête sur ce point. Ils abandonnèrent en 535 Alalia. Une partie alla s'établir à Marseille, une autre se réfugia chez les Régiens, puis elle bâtit dans le pays des Oenotriens, une ville paisible et refuge des sciences, Éléa ou Velia (21). Alalia fut détruite par les Étrusques qui s'emparèrent de la Corse et y bâtirent une ville, portant le nom de leur victoire (22). Karthage trouva un autre chef qui surpassa le précédent. Magon fut le fondateur de l'empire karthaginois (23). Les Phocéens se retirèrent pour toujours des mers au-delà de la Sicile.

Dix-huit ans après la chute de leur république asiate, les Phocéens d'Occident disparurent définitivement des annales du monde, il ne reparut que le phocéen Dionysios corsaire, qui trente ans plus tard, s'établit en Sicile, et exerça une piraterie patriotique; détruisant les navires des Étrusques et des Karthaginois, il incommoda et fatigua leur navigation et leur trafic (24).

Les Karthaginois savaient tirer l'avantage de chaque circonstance. Ils concluaient des traités avec différens peuples, par lesquels ils déterminaient leur navigation et leur commerce dans des limites étroites (25). Ils veillaient particulièrement sur les Grecs. Ils chassèrent de l'Afrique le lacédémonien Doryéos, qui voulut s'y établir près de la rivière Cinyps, le poursuivant jusqu'en Sicile où il périt en 509 (26). Son frère Léonidas (qui depuis termina son héroïque carrière dans l'affaire des Thermopyles) fut envoyé en 502, en Sicile, pour venger sa mort et l'outrage de Lacédémone, sans avoir de grands succès (27). Gélon, tyran de Syracuses, voyant les progrès de Karthage, proposa aux Grecs de lui donner des secours afin de combattre leur ennemi commun; il promettait, de délivrer le commerce et les entrepôts, ce qui devait être d'un grand avantage pour les Grecs (28). Mais la méfiance et la répugnance des républicains pour les tyrans, dédaignèrent son intervention. Les Grecs combat-

---

(21) Καδμείη τις νίκη τοῖσι φωκαιεῦσι ἐγένετο, Herodot. I, 166, 167; Thucyd. I, 13. — Translato in Sardiniam bello, amissa majore exercitus parte, gravi proelio victi sunt (à Phocensibus) Trog. Pomp. proleg. XVIII, et ap. Just. XVIII, 7; Diodor. Sicul. V, 15; Strab. VI, pag. 252; Pausan. X, pag. 569, 586.

(22) Τὴν δὲ Νίκαιαν ἐκτίσαν Τυρρηνοί Φαλακρατοῦντες, Diod. Sicul. V, 13.

(23) Imperium Poenorum, Trog. ap. Justin. XVIII, 7, XIX, 1.

(24) Herodot. VI, 17.

(25) Foedus a. 509, ap. Polyb. III, 20; Aristot. polit. III, 6.

(26) Herodot. V, 42, 60.

(27) Herodot. V, 41, Trog. ap. Justin. XIX.

(28) Ὑπεδέκοντό τε τὰ ἐπιτήδεια συμπαρέξειν, Herodot. VII, 158.

taient les Karthaginois, repoussaient leurs aggressions particulièrement, sans pouvoir terrasser leur monstrueuse politique. Les mers au-delà de la Sicile, autrefois accessibles et connues aux Hellènes, leur furent depuis fermées; les relations rares et infiniment difficiles, devenaient souvent impraticables. Dans toute la Grèce et dans les villes coloniales qui l'entouraient il n'y avait personne qui eût vu l'Océan; les dieux interdirent aux mortels d'y aller (29). Les géographes et les écrivains de cette époque, offrent à peine quelques faibles notions sur cette partie du monde.

Il était réservé à Marseille d'en conserver la connaissance et d'y tenir tête à ceux qui s'arrogeaient injustement l'empire des mers (30).

Darius roi de Perse, en 502, munit de priviléges l'ancienne ville de Tyr et envoya en 489 ses ordres à Karthage, en lui prescrivant le rite du culte et demandant un contingent pour la guerre qu'il entreprenait contre les Grecs. Les Karthaginois remplirent ses ordres concernant leur religion, et refusèrent de prendre part à cette guerre, prétextant qu'ils étaient inquiétés par les Libyens (31). Ils croyaient certainement la puissance de Darius suffisante pour écraser les Grecs. Voyant leur résistance, ils acceptèrent plus facilement les propositions de Xerxès et entrèrent dans son alliance en 483 pour exterminer leur ennemi déclaré. Lorsqu'Athènes remportait des victoires décisives sur les Perses et délivrait la Grèce de leur joug, Syracuses, Cyrène et Marseille à l'Occident, chacune séparément, firent face aux Karthaginois et aux Étrusques.

Dans cette lutte gigantesque et prolongée, Marseille n'avait d'alliés que certaines peuplades gauloises et les Ibériens. Elle combattait sur le continent avec les Liguriens et sur la mer avec les Étrusques et les Karthaginois. Ceux-ci, furent les premiers aggresseurs par la prise de quelques navires de pêcheurs massiliens. Marseille ne put préserver de la destruction un grand nombre de villes et d'entrepôts, surtout ceux de Libye et d'Ibérie, qui étaient plus éloignés : mais elle protégea et sauva

---

(29) Herodot. III, 115; Pindar. olymp. III, 79.
(30) Strab. IV, p. 180.
(31) Trog. ap. Justin. XIX, 1; Herodot. III, 18.

les plus rapprochés. Elle remporta des victoires navales contre les deux puissances maritimes et leur prescrivit à plusieurs reprises les conditions de paix (32).

Sur ces entrefaites, Gélon, tyran de Syracuse, secourant en 476 la ville de Cumé, eut le bonheur de détruire les flottes et la marine Etrusque, qui ne se releva plus. Depuis cette époque, la marine Etrusque disparut de l'histoire et ne troubla plus les Massiliens ; les Grecs, sous la conduite de Faylos et d'Apelles, pillèrent en 455 les îles Etrusques, et le littoral de la Tyrrhénie, sans rencontrer de résistance; les Karthaginois, en 450 s'emparèrent de la Corse et privèrent les Etrusques de cette possession importante (33); les autres îles des Etrusques, furent dépeuplées et restèrent désertes (34). Karthage vaincue, triompha ; mais fatiguée de ses combats désastreux avec les Massiliens, elle cessa de leur faire la guerre et n'inquiéta plus leur commerce.

Marseille, située dans un lieu éloigné et peu fréquenté des autres Hellènes, ayant fini honorablement sa lutte avec les Karthaginois, étendit sa suprématie fraternelle sur des villes qui restaient encore debout sur le rivage de l'Ibérie, de la Celtique et de la Ligurie. Elle y multiplia ses entrepôts et établit ses colonies sur les ruines des anciennes villes (35) ; elle arrangea et termina ses différents avec les Gaulois vers 388, et sut depuis conserver leur amitié. Sans rompre avec les Karthaginois, elle conclut une alliance perpétuelle avec Rome, et jouit de la paix et de sa liberté. Cité calme, riche, répandant la civilisation dans l'intérieur du continent, elle se fraya un chemin à travers toute la Celtique jusqu'aux Moriniens, habitant sur les bords de l'Océan vis-à-vis d'une terre immense qui s'étendait au milieu des vagues de l'Océan septentrional.

Dès les temps le plus reculés, on parlait beaucoup chez les Hellènes, des grandes connaissances des Phœniciens et des Karthaginois sur l'Océan. On disait qu'un pharao d'Egypte, le roi Nékos, envoya en 617, des voyageurs sur les navires phœni-

(32) Trog. ap. Justin. XLIII, 5 ; Strab. IV, p. 180.
(33) Callim. hymn. in Del. 19, conf. Flor. II, 2.
(34) Scylacis peripl. I, 159, III, 7.
(35) Rhodé et Emporion remplacèrent les anciennes villes Pyréné, Hypsélé. Voyez mon mémoire sur les relations commerciales des Karthaginois avec les Grecs, 20, et mes *Badania*, recherches sur la géographie ancienne, IV, 31, 32.

ciens pour faire le tour de l'Afrique (36). Un mage persan fesait parade devant Gélon de Syracuses, d'avoir suivi le même tour vers 470 (37); on savait que le vaisseau phœnicien, servait en 470 au persan Sataspes, pour cotoyer la Libye (38). Enfin la nouvelle circula parmi les Grecs, que Karthage au fait de sa grandeur, avait envoyé deux expéditions à la recherche sur l'Océan : Himilcon suivait les bords de l'Europe vers le Nord; Hannon ceux de la Libye vers le Sud (39). On parlait de différentes îles connues des Karthaginois, des îles qui fournissaient l'étain (40); et des îles récemment découvertes (41). On lisait les ouvrages des Karthaginois (42); on y trouvait le voyage de Hannon, qui était cité et répété par les écrivains grecs (43). Dans le voyage de Himilcon, on avait des descriptions qui semblaient être extraordinaires; on y voyait les difficultés d'une navigation qui dura quatre mois dans l'immense golfe de OEstrymnic, et les découvertes des îles de l'étain (*Cassitérides*) appelées par les Karthaginois OEstrymnides, comme ils appelaient tout le sombre et obscur Occident. Dans le même voyage, on trouvait les relations d'une île sainte qu'habitaient les Hibernes, et d'une autre qui portait le nom d'Albion (44). Ces narrations des voyageurs karthaginois, répandaient des notions obscures, vagues, incompréhensibles, qui se mêlaient à des fables anciennes.

(36) Herodot. IV, 42.
(37) Heraclides ponticus ap. Posid. Voyez Strab. pag. 98.
(38) Herodot. IV, 43.
(39) Vers l'an 450, et Hanno Carthaginis potentia florente, circumvectus à Gadibus ad finem Arabiæ, navigationem eam prodidit scripto : sicut ad extera Europæ noscenda, missus eodem tempore Himilco. Plin. II, 67.
(40) Κασσιτερίδες, Herodot. III, 115.
(41) Plato in Tim. et Crit.; Aristot. mirab. ausc. p...; Plin. II, 92; Diod. Sic. V, 19.
(42) Aristot. polit., II, 5.
(43) Aristot. meteor. I, 13, mirab. ausc. p.. ; Palaephat. 32; Scyl. peripl. III, 5, Ephor. ap. Steph. Byz. voce Καρικοι Τείχεις, etc.
(44) Himilco ap. Avien. ora marit. 90-116, 155, 174-177; comparez Aristot. mirab auscult. pag. Diod. Sicul. V, 10, 20; et l'*Atlantide* de Plato in Timœo et Critia; Plin. II, 92.—Il est remarquable que Bochart géogr. sacra I, 39, ait négligé d'indiquer l'étymologie orientale d'OEstrymnic : oestr-ymm הסתיר *abscondit se, occultavit,* אן *populus,* c'est-à-dire les peuples inconnus, obscurs. Ou bien en se servant de la forme phœnicienne, עשתר *grœr, divitiæ,* ים *mare, occidens, meridies,* c'est-à-dire, le riche Océan, l'Ouest opulent.

Et certes, les contes des poètes sur les êtres surnaturels et sur les phénomènes monstrueux qui étaient du goût vulgaire, n'étaient d'aucune considération chez les voyageurs expérimentés : ils n'appréhendaient guère les îles miraculeuses qui apparaissaient, ou disparaissaient au gré de la fantaisie des écrivains ; ils n'admettaient plus ni la descente aux enfers, ni le cours circulaire du fleuve Océan : mais ils désiraient vérifier les difficultés qu'offrait la navigation sur l'immense océan, où l'on disait qu'il se trouvait des bas-fonds, des algues, des fongus qui obstruaient les eaux, où les eaux remontaient et se révoltaient à la vue des mortels, qui voulaient débarquer sur des îles éloignées ; il leur importait de savoir le nombre des îles qui s'y trouvaient, de connaître la direction des rivages du continent, les nations qui y habitaient ; de découvrir l'étendue et la forme de la terre habitable ; si elle s'accordait avec les hypothèses savantes ou populaires.

Du temps de Pythéas, on ne pensait plus dans la Grèce à la rondeur cerclée de la terre habitable (45). Les connaissances acquises dans l'empire persan et l'observation du ciel, donnèrent origine à d'autres idées. On présumait que la terre habitable était oblongue, ovale, entourée d'un immense océan, elle prenait peu de place sur le globe terrestre. Elle était partagée en trois ou en quatre sections. Celles-ci se rapportant aux quatre grandes nations, savoir aux Celtes, Scythes, Indiens et Éthiopiens, qui habitaient tout le confin de l'oval ; celles-là en considérant la double embouchure des deux fleuves le Tanaïs et le Nil, dont l'une entre dans la mer interne, et l'autre se jette dans l'Océan. Ces fleuves à double embouchure, divisent la terre habitable en trois îles, celle de l'Orient, appelée Asie, et les deux autres occidentales nommées Europe et Libye (46). On ne peut pas douter, que le progrès de différentes hypothèses et les conceptions variées sur la géographie que la Grèce inventait, n'aient été familières aux Massiliens, malgré tout leur isolement. Ils avaient encore l'avantage de conserver la connaissance de la mer interne au-delà de la Sicile et de l'Océan ; de posséder des notions plus exactes sur Tartessos et sur l'intérieur de la Celtique, ils

---

(45) Voyez les figures 1, 2, de la première table.
(46) Voyez table 1, figures 3, 4.

étaient aussi plus à portée de connaître la valeur des voyages des Karthaginois.

PYTHÉAS VOYAGEUR.

Marseille, éloignée des discordes qui déchiraient et énervaient la Grèce entière, jouissait d'une paix bien consolidée, depuis quarante ans, lorsque vers 340, les deux voyageurs, Pythéas et Euthyménès entreprirent en même temps une excursion sur l'Océan. Pythéas alla visiter les rivages extérieurs de l'Europe ou de la Celtique; Euthyménès cotoya ceux de la Libye ou de l'Ethiopie. Tous les deux dans le but de retrouver les connaissances des Karthaginois, et de faire des découvertes jusqu'au bout du monde. Pythéas suivit le chemin de Himilcon et le surpassa ; Euthyménès parcourut la route de Hannon et des autres voyageurs karthaginois, qui probablement fréquentaient assez souvent les côtes occidentales de l'Afrique (47).

L'ignorance des Grecs éleva bientôt des doutes sur le voyage de Pythéas. Non-seulement on ne voulait pas ajouter foi à sa narration, mais on la croyait une invention mensongère. Comment disait-on, un particulier, et un particulier peu riche comme Pythéas, a-t-il donc pu faire des voyages de si long cours, tant par terre que par mer (48). Contre cette objection futile, on conjecturait bien probablement que les Massiliens, à l'imitation des Karthaginois, envoyaient leurs voyageurs à la recherche, aux frais de la république. Le voyage d'Euthyménès qui tourna en même temps à gauche, lorsque Pythéas courut à droite, semble servir de preuve à cette conjecture. Mais fallait-il être opulent et avoir une grande fortune pour équiper un vaisseau et aller avec quelques marchandises et objets lucratifs dans les régions sauvages où l'on se passait de monnaie ? Les riches négociants de Marseille, ne cherchaient-ils pas des pilotes habiles, des hommes instruits pour diriger leurs entreprises ? Pythéas lui-même peu riche, n'était pas sans fortune et il pouvait s'associer à d'autres. Ami des études il rédigea une description du

---

(47) On peut trouver quelques notions sur le voyage d'Euthyménès, dans Senec. natur. quæst IV, 12; Aristot. météor. I, 13; Aristid. orat. Ægyptiac. édit. 1604. t. III, page 596, 602 ; Athen. II, 90 ; pseudo-Plut. de placit. philos. IV, Marcian. Heracl. épit. Artemid. pag. 96.

(48) Polyb. ap. Strab. II, pag. 104.

voyage, qu'il disait avoir fait lui-même. Au reste, toutes ces conjectures à mon avis sont superflues. Le fait est qu'un voyage a eu lieu, puisqu'il servit de sujet à sa narration, puisqu'il lui procura des renseignements, et qu'un voyageur l'a mis à exécution. La vérité ne gagne pas beaucoup par le démenti donné à Pythéas, en faveur d'un anonyme inconnu et hypothétique qui devient d'une nécessité indispensable pour remplacer le voyageur nommé. Allons plutôt reconnaître et expliquer les notions qu'a rapportées la narration de Pythéas, elles nous diront mieux, si elles sont d'une pure invention et l'œuvre du mensonge.

Pythéas de retour rédigea deux ouvrages, l'un sur *l'Océan*, περὶ Ἰοῦ ὠκεανοῦ (49); l'autre une *description de la terre*, γῆς περιόδος (50). Ces deux ouvrages, embrassaient ses découvertes et ses connaissances géographiques, physiques et astronomiques, car les écrivains postérieurs, en les puisant, nous ont conservé différentes idées de Pythéas sous ces rapports. De tous les deux, il ne reste que peu de fragments épars et cités par quelques auteurs, encore plusieurs sont une reproduction faite sur la parole des précédents citateurs. A dire vrai, tous ces fragments se réduisent aux trois écrivains : Strabon, Diodore de Sicile et Pline. Le premier parle de Pythéas sur la parole de Hipparche et de Polybe ; l'autre reproduit les répétitions de Timée le Tauroménien ; le troisième s'est bien servi de différentes citations des auteurs plus récents, qui peut-être n'ont parlé de Pythéas que sur la foi des auteurs leurs prédécesseurs. Ce sont les sources d'où l'on retire toutes les connaissances de Pythéas. Il en résulte de grandes incertitudes et des difficultés pénibles, qu'il faut affronter avec autant de témérité qu'en a eue Pythéas dans son incroyable expédition. Les notions qu'offrent ces sources, sont très-isolées et détachées, elles ne tiennent à aucune suite géographique et sont placées au dehors des autres plus connues. Nous tâcherons de les rapprocher et de les rattacher au savoir de cette époque, en suivant avec les écrivains presque contemporains, le chemin que Pythéas a nécessairement parcouru, avant d'avoir dépassé la limite des connaissances vulgaires.

(49) Gemin. elem. astron. in Petav. urano. pag. 22.
(50) Schol. in Apoll. Rhod. IV, 761.

L'Ibérie et la Celtique tournées par Pythéas (51).

Pythéas, sortant du port de Marseille pour aller vers l'Occident, avait toujours le littoral à sa droite. On y voyait l'embouchure du Rhodanos, qui coule pendant un certain espace sous la terre (52). Près de l'embouchure, florissait une petite ville dépendante de Marseille, nommée Rhodanusia (53). Les écrivains grecs de cette époque, Ephore, Theopompe et les autres, appelaient ce pays Ligystique, malgré que les Celtes ou Galates (Gaulois), y eussent pris toute prépondérance et prévalussent sur l'ancienne population.

Puis une autre ville massilienne, Agatha (54), était placée non loin de l'antique Narbo, autrefois capitale des sauvages Hélisyces. Peut-être que les Hélisyces nommés encore par les écrivains de cette époque, cédèrent avec les autres aux Celtes, mais Narbo résista au sort fatal des peuples liguriens (55).

Au pied des monts Pyrénées, s'élevaient deux autres villes massiliennes, remarquables par leur position et par leur importance: Rhodé et Emporion (56).

Ici commence l'Ibérie, qui a été l'objet des descriptions d'Ephore, de Philiste, de Herodore, de Theopompe. Leurs fragments sont d'accord et donnent cette faible connaissance que les Grecs pouvaient relater. Plusieurs d'entre eux croyaient que l'Ibérie fesait partie de la Ligye, ou spacieuse Ligurie (57). On y voyait les villes anciennes, qui résistèrent aux calamités, Barcino et Tarraco, dont le port offre un bon asyle aux marins (58). Les Bebryces occupaient toujours un grand canton, par lequel la rivière Iber, se jette dans la mer (59).

(51) Voyez planche I, n° 7, pl. II, n° 1 pl. III.
(52) Aristot. meteor. I, 13.
(53) Ephor. ap. Scymn. 203, 215.
(54) Agdes.
(55) On a contesté à tort l'ancienneté de Narbonne. Voyez antiquissimi scriptores apud Avieni ora marit. 580; Hecataei milefensis Europæ periegesis ap. Steph Byz; Herodot. VII, 163.
(56) Ephor. ap. Scymn. 203, 215; Scylacis peripl. I. § — Aujourd'hui, Roses et Ampurias.
(57) Eratosthénès ap. Strab. II, pag. 92, 108.
(58) Eratosthénès le dit; il adopta en particulier les relations de Pythéas sur l'Ibérie, Strab. III. page 159. — Aujourd'hui, Barcelone et Tarragone.
(59) Scymn. Ephor. Avien Scylac. peripl. I. 2

La petite ville Hyops, placée sur une presqu'ile, prolongeait son existence (60).

Héméroscopion est la dernière ville grecque dans ces parages.

Les possessions des Libophœniciens, c'est-à-dire des Karthaginois, venaient ensuite.

Les Mastiens ou Massiens, et leur pays Massia étaient limitrophes des Tartessiens.

Les Elbestiens ou Eleusiniens, ou Elbysiniens (61), étaient entre les Mastiens et les Tartessiens. Leur ville était habitée par les Calpiens. Les villes de Calathusa et Xéra, étaient situées dans ce canton, peu éloignées du détroit des colonnes d'Hercule qui est une porte pour entrer dans l'Océan (62). Les écrivains grecs et toute la Grèce avec eux, répétaient ces noms sur la foi de leurs confrères massiliens, qui se communiquaient par l'entremise de la grande Grèce et de la Sicile.

Pythéas comptait de Marseille, jusqu'au détroit des colonnes, 7000 stades en ligne directe. Du détroit des colonnes, jusqu'au promontoire qu'on appelait Sacré 3000 stades; depuis Gadès jusqu'au dit promontoire en longeant le rivage du continent, il y avait 5 jours de navigation ou 2500 stades (63).

C'est ici qu'une fameuse ville phœnicienne, nommée Gadir ou Gadès, avait son emplacement sur une île. Les Grecs savaient qu'il y avait une autre île fortunée, Erythie (64), et que la rivière Tartessos se décharge, après avoir parcouru le pays du même nom, appelé aussi Tartession (65).

Les Cynésiens, ou Cynétiens, occupaient le dernier coin du continent qui avançait dans l'océan (66). Le promontoire Sacré le plus occidental formait ce coin et l'on y voyait un temple d'Hercule (67).

(60) Theopomp. et Philist. XXXIX, ap. Steph. Byz. — Aujourd'hui Peniscola.
(61) Cilbiceni d'Aviénus.
(62) Voyez les fragmens de Philiste VIII, de Theop. XLIII, XLIV, d'Ephore, de Herodore sur Hercule X, apud Steph. Byz. et apud Constant. porfyr. de admin. imp. 23. Voyez aussi le traité de 346, ap. Polyb. III, 24.
(63) Eratosthènes s'était servi de cette mesure en suivant les relations de Pythéas particulièrement celles sur l'Ibérie et Gades. Strab. I, p. 64, II, p. 106, III, p. 148.
(64) Ephor. et Philist. ap. Plin. IV, 36; Eratosth. ap. Strab. III, page 148.
(65) Theop. XLV, et Herodor. ap. Steph. Byz.; fœdus anni 346, apud Polyb. III, 24; conf. Liv. VII, 27.
(66) Herodor. de Hercule, l. c. cf. Strab. III, page 166.
(67) Ephor. ap. Strab. III, pag. 138.

On savait que l'Ibérie commençait ici, et s'étendait jusqu'aux Pyrénées; on savait encore, qu'au fond de l'Ibérie, plus au nord habitaient les Tlètes, Glètes, Iglètes (68). Ils étaient, comme toute l'Ibérie, enclavés dans l'immense Celtique qui terminait à l'Occident la terre habitable, où finissaient toutes les connaissances que les écrivains grecs ont su réunir sur l'obscur Occident.

Les Celtes furent placés sous le vent zéphyr; ils occupaient un quart de la terre habitable, depuis Gades jusqu'à la Scythie (69). Pythéas devait reconnaitre et indiquer les limites et l'étendue de cette portion du monde.

Les écrivains postérieurs qui le citaient lui reprochaient d'avoir dit que le flux et le reflux de la mer finissait au promontoire Sacré (70), tandis que ce phénomène se renouvelle deux fois par jour autour de la terre habitée. Nous ne possédons plus les paroles de Pythéas pour juger de la valeur du reproche qu'une inexactitude de l'expression occasionna, mais le fait est que Pythéas a bien remarqué ce phénomène, tant autour du promontoire Sacré que sur tout l'Océan, et qu'il l'attribuait à l'influence de la lune (71.)

Nous n'avons pas les détails de sa longue traversée ultérieure, puisque les écrivains postérieurs ses ennemis, privés de toute notion sur ces parages, ignorant ce qui pouvait y exister, négligèrent de les répéter; taxant de mensonge ces données, ils ne les relataient guère. Il cotoya l'extérieur de la Celtique, mais les fragments ne nous avertissent plus, s'il reconnut les possessions littorales des Iglètes qui occupaient le fond reculé de l'Ibérie; ils ne nous donnent aucun renseignement sur les peuples qu'il a vus en tournant l'immense sinuosité du golfe OEstrimnique, qui avait été parcouru avec des peines inexprimables pendant quatre mois, 80 ou 100 ans auparavant, par Himilcon. Mais ni les algues ni les bas-fonds, célébrés par les descriptions

---

(68) Théop. XLV, et Herodor. l. c. Appelés depuis Galeci, Callaici; aujourd'hui la Galice.

(69) Ephor. hist. IV, ap Cosm. indicopl. et ap. Strab. I, page 35, IV, pag. 199. VII, pag. 293, et Scymn. perieg. 173; antiquos apud Dionem Cassium XXXIX, pag. 113, et Diod. Sicul. V, 25.

(70) Artémidor. ap. Strab. III, pag. 148. Au vrai Artémidore le reproche à Eratosthénès: mais il ajoute qu'il en est de même, de tout ce qu'il avance sur la foi d'un charlatan tel que Pythéas.

(71) Πυθέας ὁ Μασσαλιώτης, τὰς πληρώσεις τῆς σελήνης τὰς πλημμύρας γίνεσθαι, τὰς δὲ μειώσεις τὰς ἀμπώτιδας, apud pseudo Plut. de placit. philos. III, 17.

du voyageur karthaginois, ne se présentèrent point au voyageur massilien, et ne l'empêchèrent pas d'aboutir aux terres pointues des Timien. Sans chercher de gloire, de ce qu'en voguant sur les eaux qui se révoltaient périodiquement, il franchissait, le premier des Grecs, des obstacles et domptait des difficultés, qui devaient le placer, suivant l'opinion des incrédules, au nombre de menteurs.

La terre des Timiens Τιμιοι (72), avance dans l'Océan, et se termine par le promontoire Calbion Καλϐιον (73) qui est plus occidental que l'Ibérie. Pythéas conjecturait qu'il dépassait le promontoire Sacré au moins de 2000 stades vers l'Occident (74). De trois jours de distance, ou 1500 stades; vers l'Occident il y a plusieurs îles, dont la dernière se nomme Ouxisamé Οὐξισαμη (75).

Jusqu'à ce point là, Pythéas allait continuellement sur les traces de Himilcon; mais ici son chemin se sépara et prit une autre direction. Himilcon avait traversé autrefois la hauteur de l'Océan et s'était dirigé directement vers les îles qui fournissaient l'étain (76). Pythéas ayant doublé le promontoire Calbion, suivit vers l'Orient le rivage septentrional de la Celtique; la reconnaissance de la Celtique, de son étendue et de sa fin, étant son but particulier. Il avança vers l'embouchure du Rhin : mais avant d'y atteindre, il croyait se trouver au 45° degré de latitude, lorsqu'il rencontra un détroit large de 100 stades qui sépare la Celtique, d'une île immense nommée Bretagne (77).

Bretagne et Thulé découvertes par Pythéas.

Il fixait à seize heures la longueur du jour solstitial dans le midi de la Bretagne; l'extrémité la plus septentrionale de la Celtique, touchait au détroit et à l'angle du milieu de la Breta-

(72) Nommés Cossini, Ostioni par Artémidore, Osismi par César, Strabon, Ptolémée et les autres, habitaient Finisterre de la Bretagne.

(73) Gobéon chez Ptolémée; aujourd'hui la rade et le promontaire Gob-e-stan et le point du Raz de Sein. Voyez Gosselin, recherches, t. IV, page 62.

(74) Comme le disait sur sa foi Eratosthènes qui accepta ses relations particulièrement à l'égard de la Bretagne, de Gades et de l'Ibérie. Strab. 1, pag. 64.

(75) Pyth. ap. Strab. II, page 64, aujourd'hui l'Ouessant.

(76) Cassitérides des Grecs; aujourd'hui Sorlingues.

(77) Albion de Himilcon.

gne; c'était le climat où le jour avait jusqu'à dix-sept heures; dans les parties septentrionales de l'ile, le plus long jour était de dix-huit heures et à son extrémité la plus septentrionale, il s'élevait jusqu'à dix-neuf heures (78).

La forme de la Bretagne était triangulaire. Son côté méridional est en regard des Celtes, à peine s'éloigne-t-il de quelques jours de navigation du continent. Il est long depuis le promontoire Cantion, jusqu'à Bélérion de 7500 stades. Bélérion est éloigné du continent de quatre jours de chemin, ou de 2000 stades.

L'autre côté de la Bretagne, en face du détroit (des Colonnes), depuis Bélérion jusqu'à Orcas, tient 1500 stades. Le troisième depuis Orcas, jusqu'à Cantion, 20000 stades. Par conséquent le tour de cette ile, offre plus de 40000 stades ou 425000 stades (79).

Nous avons remarqué que Pythéas n'est pas allé vers les Cassitérides : mais leur existence et le trafic entre la Bretagne et la Celtique ne pouvaient pas lui être inconnus lors même qu'il ne fût jamais sorti de sa cité natale. Certes, il n'a pas oublié de les indiquer dans ses descriptions, aussi bien que tout ce qui concerne le commerce de l'étain et du plomb dont l'ile Mictis était l'entrepôt. D'après les connaissances des Massiliens, les autres Grecs étaient en état de raconter les circonstances et voici la description d'un écrivain grec très-rapproché de Pythéas, qui le copie soigneusement.

Les habitans du promontoire Bélérion, aiment les étrangers: aussi le grand nombre des marchands qui y abordent de toute part, rend ce peuple beaucoup plus policé que les autres nations de la Bretagne. Ce sont eux qui tirent l'étain d'une mine qu'ils entretiennent avec soin. Elle est extrêmement pierreuse, mais cependant coupée de veines de terre. Dès qu'ils ont tiré l'étain, ils le purifient en le faisant fondre. Lui ayant ensuite donné la

---

(78) Pyth. ap. Strab. II, pag. 75, et ap. Plin. II, 77.

(79) Αὔτη γὰρ τῷ σχήματι τρίγωνός ἐστα παραπλησίως. Les trois mesures des trois côtés du triangle, se trouvent dans Diodore de Sicile qui les a tirés de Timée ou de Pythéas lui-même. Voyez Pythéas ap. Strab. I, pag. 63, II, pag. 75, 104, 115, 201, ap. Plin. II, 77; conf. Solin. 22, Dicuil. pag. 50.— Un certain Isidore devait donner 3825 mille pas, ou 30600 stades de circonférence comme nous le dit Pline, IV, 30. Mais il est probable que Pline relate ce chiffre, d'après l'erreur d'un mauvais manuscrit, qui a dû dire 4825 mille pas, ou mieux 4875, chiffre dont se servit Solin.

figure de dez à jouer, ils le transportent sur des chariots (80), dans une ile voisine de la Bretagne appelée Ictis (81), en prenant pour y arriver, le temps où la mer est basse. Les marchands étrangers, qui ont acheté l'étain dans l'île Ictis, le font transporter dans la Celtique, et ils font six jours de navigation pour arriver de l'île de Mictis jusqu'au lieu de leur descente sur le continent, où ils chargent leur métal sur des chevaux, après quoi ils mettent 30 jours (6000 stades) à la traverser depuis les côtes qui regardent la Bretagne jusqu'à l'embouchure du Rhône (82).

Pythéas prétend avoir parcouru toutes les parties accessibles de la Bretagne (83). Mais la plus accessible et la plus connue, celle des environs de Bélérion fut négligée. Pythéas arriva jusqu'au détroit où la Bretagne se rapproche le plus de la Celtique, tourna vers la gauche et longea depuis Cantion, toute la côte orientale, jusqu'au promontoire le plus septentrional, Orcas.

Certes, il a remarqué quelques habitudes des Bretons. Ils furent considérés par les écrivains qui copiaient Pythéas pour autochthones. Ils se servent de chariots, comme les héros grecs qui assiégeaient Troie. Leurs maisons sont pour la plupart bâties de chaume et de bois. Ils ont coutume, quand ils moissonnent, de couper les épis et de les enfermer dans des caves souterraines, et puis ils se nourrissent des plus anciens épis en les réduisant en farine à mesure qu'ils en ont besoin. Leurs mœurs sont simples et fort éloignées de la perversité. La sobriété règne chez eux et ils ignorent cette molle délicatesse que les richesses amènent avec elles. La Bretagne est fort peu-

(80) Ταῖς ἁμάξαις, plutôt les bateaux d'écorce.

(81) Nommée Ictis, dans le texte de Diodore, Mictis dans celui de Pline, Voctis par Ptolémée; aujourd'hui Wight.

(82) Ce passage se trouve dans Diodore de Sicile V, 22, où cet écrivain consultait les anciens écrivains, se réservant de faire plus tard les extraits de César. Il est donc presque certain qu'il l'a copié de Timée qui parlait de l'île Mictis sur la foi de Pythéas. Voyez Timée apud Plin. IV, 30

(83) Polyb. ap. Strab. II, pag. 104. Le texte porte dans les éditions ἔλης μὲν τὰ βρίλανιχὴν ἐμβαίνει ἔπασθῶν φασκεῖλες. Il n'offre aucun sens et laisse faire ιx éditeurs de Strabon des conjectures très-ingénieuses tantôt pour faire dire à Pythéas qu'il a visité tout le circuit de la Bretagne; tantôt, en le croyant plus conséquent, qu'il n'a touché que les parties accessibles.

pléo, mais l'air y est extrêmement froid, cette île étant située sous la grande Ourse. Elle est gouvernée par plusieurs rois, qui gardent presque toujours la paix entre eux (84).

On a rendu justice à Pythéas sur ce qu'il a relaté des peuples voisins de la zone glaciale. Il disait, qu'ils manquent absolument ou qu'ils n'ont que fort peu de fruits cultivés et d'animaux domestiques, qu'ils se nourrissent de millet, d'herbes, de fruits et de racines sauvages; que ceux qui ont du blé et du miel, non seulement se nourrissent de ces denrées, mais en tirent aussi leur boisson; qu'enfin, comme ils n'ont guère de soleil sans nuages et que les pluies y sont fréquentes, ils ne peuvent se servir d'aires découvertes, pour leurs grains, mais ils en transportent et battent les épis dans des vastes granges (85). D'où l'on voit qu'il entrait dans les détails et observait les particularités dont la perte est à déplorer.

Arrivé jusqu'à Orcas, Pythéas s'éloigna de la terre et se jetant sur la haute mer, il vogua vers le Nord, traversant les climats, où, au rapport des barbares, les nuits des solstices n'avaient que 3 ou 2 heures. Après six jours de navigation, c'est-à-dire à 3000 stades au nord d'Orcas, il toucha une terre nommée Thulé. Sans pouvoir se convaincre si elle était une île ou un continent, il a cru remarquer que pour ce pays, le tropique du Cancer se confondait avec le cercle arctique d'où il résultait, que le jour solsticial y était de vingt-quatre heures et la latitude d'environ 66 degrés (86). Il s'ensuivait qu'il y avait des régions plus au Nord où les jours et les nuits duraient six mois alternativement. (87).

Les adversaires de Pythéas ont trouvé dans ses relations, que le flux vers le nord de la Bretagne devait s'élever à quatre-vingts coudées de hauteur (88). Mais cette erreur trop-absurde qui lui

---

(84) Ce passage est encore dans le même chapitre de Diodore de Sicile, V, 22, où il proteste qu'il parlera plus tard sur la foi de César, et le commence par les mesures pythéennes de la configuration triangulaire de la Bretagne qui ont été répétées par Timée. Par conséquent ce passage tire son origine de l'époque de Pythéas.

(85) Pytheas ap. Strab. IV, pag. 201.

(86) Pytheas ap Strab II, pag. 64, 114, 201; ap. Plin. II, 77, IV, 30; ap. Gemin. 5; ap. Cleomed. I, pag. 90; ap. Mart. Capell. VI, 1; ap. Eratosth. Hipparchum.

(87) Plin. II, 77.

(88) Plin. II, 99.

était imputée par un écrivain plus récent, n'était guère observée par les autres plus anciens qui lui reprochaient sa faute à l'occasion du flux autour du promontoire Sacré.

A l'exception de Thulé, dans ces régions les plus septentrionales, il ne subsiste, disait Pythéas, ni terre, ni mer, ni air; on y trouve seulement une espèce de concrétion de ces élémens, semblable au poumon marin, matière qui enveloppant de tous côtés la terre, la mer, toutes les parties de l'univers en est comme le lien commun et au travers de laquelle on ne saurait naviguer ni marcher. Il ajoute, que quant à cette matière pareille à la substance du poumon marin, il peut attester qu'elle existe, parce qu'il l'a vue, mais que le reste, il le rapporte sur la foi d'autrui (89). Il l'a vue : mais il n'a pas parcouru toutes les parties de l'univers pour vérifier ce qu'on lui disait du poumon. Il l'a vue : mais il ne s'explique pas s'il l'a vue de loin ou s'il y a touché? Si cette concrétion lui fut indiquée du doigt, ou présentée dans la main. Anciennement l'inaccessible Océan était encombré d'entraves bourbeuses, enfoncé dans les ténèbres de l'atmosphère, les voyageurs karthaginois constataient ces faits, et on ne doute pas de leur navigation. Devant le navire de Pythéas, tous ces contes disparurent jusqu'au climat de Thulé, jusqu'au climat de la zone glaciale où le soleil est ordinairement couvert de nuages où les pluies surabondent, la bruine offusque la vue et la brume suffoque. C'est là en terminant son cours, qu'il laissa agir son illusion. N'y a-t-il pas eu de tout temps des voyageurs très-instruits, qui ont vu des choses que la seule illusion leur présentait. Ces méprises servaient plutôt de preuves qu'ils avaient été sur le lieu de leur déception. Ce poumon extraordinaire préoccupant le regard du voyageur, qui n'est plus accusé de fantaisie miraculeuse ou monstrueuse, est à mon avis un fait constatant la véracité de ses narrations qui nous font sortir du cercle des connaissances rétrécies des autres Grecs, et nous conduisent sur le chemin du progrès, familier aux temps plus récents.

Il est avéré par l'expérience des siècles les plus féconds en découvertes, que chaque terre nouvellement trouvée, grandit aux yeux de celui qui l'a visitée le premier; toujours elle occupe

(89) Pyth. ap. Strab. II, page 104.

sur la carte géographique plus de place, et grand nombre de régions très-étendues, se sont dissipées en petits îlots. Si le voyageur n'est pas assez heureux pour avoir quelques renseignemens des indigènes, il ne peut deviner, ni l'étendue, ni la forme du pays que le hasard lui présente particlièrement. Pythéas, n'était point instruit par les habitans de la Bretagne sur l'étendue de Thulé. Peut-être eux-mêmes ne le savaient-ils pas. De sa part, il agit très-judicieusement lorsqu'il évita toute conjecture, et laissa dans l'incertitude, si cette découverte est une île ou un continent. Il a reconnu qu'il parcourut dans la direction du nord 3000 stades pour arriver du promontoire Orcas jusqu'à Thulé. Ce promontoire est le point septentrional de l'Écosse, ou d'une des îles des Orcades qui se présentent sur la route et lui prêtent le nom d'Orcas. De ce point, la distance de 3000 stades conduit vers les îles Schetland et indique très-positivement, la découverte et l'emplacement de Thulé (90).

La Bretagne est entourée à l'occident d'îles de différentes grandeurs. Aucun fragment ne nous laisse à penser que Pythéas en ait fait mention. Mais aucun de ses adversaires dans l'antiquité ne lui reproche cette ignorance ou cette négligence de sa part; ce reproche au reste, aurait été très-imprudent. Le voyageur massilien, ne pouvait parler des îles occidentales que par les ouïdire des Karthaginois : peut-être qu'il s'en méfiait, et même qu'il ne les connaissait guère. Il pouvait en avoir des notions par les renseignements des indigènes Bretons : peut-être qu'il les a demandées à ceux qui n'en avaient point ; les autres n'étant pas interrogés, n'en dirent rien, sans qu'ils aient voulu par leur réticence les dérober à son savoir, car on néglige ordinairement à communiquer les connaissances plus familières sur lesquelles on n'est pas questionné. Grand nombre de voyages sont sous ce poids d'insuffisance. Au reste toutes les citations des anciens, relatives à la Bretagne sont faites en gros, elles n'entrent dans aucun détail; et elles ne nous ont conservé aucune mention sur les îles qui se présentaient au voyageur massilien, sur sa route depuis Orcas jusqu'à Thulé. Il est probable

---

(90) Avec le temps, la traverse des Orcades à l'île Schetland, ne diminua pas beaucoup. Ceux qui s'embarquent pour Thulé, dit Solin, (polyhistor, chap. 22), emploient sept jours et sept nuits pour arriver des Hébrides aux Orcades, et des Orcades à Thulé, cinq jours et cinq nuits.

que la suite des Orcades, lui semblait être une prolongation du continent Britannique (91).

Pythéas à la manière de tout voyageur habile, combinait les relations des indigènes, avec ce qu'il avait vu, avec les distances prises, et la direction de sa route, pour se former une idée de ses découvertes et les retracer sur une carte. Pour être exact dans cette opération, il lui fallait sur tous les trois angles de son triangle britannique, et dans Thulé, connaitre la longueur du jour au solstice. Il avait Bélérion en dehors de son chemin. Il n'y était pas ; il a touché de suite Cantion, Orcas et Thulé, dans des jours bien différents du jour solsticial. Sur ces trois points, sa clepsydre ou son horloge d'eau lui a donné dans différents jours, les chiffres sur lesquels il a fait des conjectures approximatives pour la longueur du jour solsticial, autant que le temps couvert et pluvieux, le soleil nébuleux et invisible le lui permettaient, autant que la saison rembrunie lui permettait de saisir la lumière du jour. Par conséquent, ses conjectures, se montrent erronées parce qu'elles placent les deux points plus au nord de 3 degrés, et celui de Thulé à six degrés. Les barbares lui montraient le lever et le coucher du soleil invisible, et cette indication s'accordait avec ses conjectures et son erreur. Par suite de ce défaut, on a accusé Pythéas de mensonge, supposant qu'il a proposé cet emplacement au hasard et qu'il n'y était pas. Mais ce bon géographe Strabon qui l'accuse avec tant d'animosité, quels meilleurs renseignements sur la grandeur, la figure et l'emplacement de la Bretagne s'était-il procurés? Lisons sa description et regardons sa carte (92). Mais voyons, 500 ans plus tard le fameux astronome Ptolémée, commet la même erreur sur les deux points et ne la diminue du troisième, de celui de Thulé qu'à moitié, c'est-à-dire à 3 degrés (93). Doit-on en conclure, que personne n'a visité ces trois points, et n'a pas fait d'observations sur la longueur du jour

(91) Gosselin ne voulant pas admettre la réalité du voyage de Pythéas, y voit une foule d'invraisemblances qu'il réduit à *six comment.*, il n'a pas su, il n'a pas vu; ou bien il a commis telle faute (Recherches IV, page 177, 178). Je crois avoir expliqué dans le courant de mon mémoire cette apparente insuffisance, dans les notions que quelques fragments nous ont conservées, et des erreurs du voyageur, j'espère plutôt en tirer l'indice de leur réalité, que le démenti.

(92) Voyez la carte n° 11.

(93) Voyez la carte n° 12.

et que tous ceux qui en ont parlé sont menteurs ; dirons-nous que l'antiquité ne connaissait ni Athènes, ni Byzance, ni Karthago, parce qu'ordinairement la latitude de ces lieux offrait une erreur terrible. Remarquons plutôt que le défaut des latitudes poussées trop au nord, n'est pas une erreur particulière de Pythéas, mais générale de la géographie du siècle. Il est évident qu'il y avait des difficultés, qu'on ne s... ... pas alors aplanir pour obtenir des résultats plus exacts.

Une erreur beaucoup plus grave se prés... ... a latitude et l'emplacement de Bélérion, puisque sa latitude y est rejetée plus au sud, à peu près de quatre degrés. J'observerai qu'elle ne résultait guère de l'observation de Pythéas, mais que ce point en a été privé. Pythéas, après avoir déterminé lui-même la latitude de Cantion et d'Orcas, et la distance itinéraire de 20000 stades entre ces deux points, cherchait à combiner les notions sur les autres parties de la Bretagne, autant qu'il a pu s'en procurer. La distance itinéraire entre Cantion et Bélérion, était la seule qui lui donnait quelque confiance ; le reste, la latitude de Bélérion et l'itinéraire entre Orcas et Bélérion, furent plutôt à deviner, et il les a proposés au hasard. Il a très-bien remarqué que le côté oriental qu'il parcourait, déclinait vers l'occident, mais il a exagéré cette déclinaison, comme cela arrive aux voyageurs ; il semble même qu'il n'a pas assez saisi les détours de plusieurs golfes, qu'il n'a pas réduit son itinéraire et en le prenant en ligne directe, il a donné au côté parcouru une extension d'un tiers plus longue en proportion que celle qui était plus universellement connue entre Cantion et Bélérion : par suite, ses combinaisons et ses conjectures sur la latitude de Bélérion offrent des résultats bien fâcheux. Je crois que par l'appréciation de l'origine et des sources des erreurs de Pythéas, sa présence sur le lieu et son voyage sont le mieux avérés (94). Nous reviendrons encore sur ce point, et nous approfondirons toute la complication de ses erreurs. L'antiquité qui les remplaçait continuellement par d'autres erreurs, s'em-

(94) Voyez la carte n° 7. Je reviendrai encore sur la configuration et l'emplacement de la Bretagne donnés par Pythéas. En retraçant ses conceptions, je m'écarte de l'opinion de tous les investigateurs modernes et particulièrement de Gosselin, qui a voulu forcément rejeter les fautes que Marinos et Ptolémée ont commises en crayonnant la figure de la Bretagne, sur Pythéas, dans lequel il a voulu absolument trouver ou un voyageur modèle sans défaut, ou un menteur.

porte contre le Massilien, crie au mensonge. Ne convient-t-il pas de se demander où sont ces mensonges. Cette antiquité colère par ignorance, ne nous en a signalé aucun : car commettre une erreur n'est pas mentir.

Nous avons suivi Pythéas jusqu'à un point le plus reculé au nord, qu'il soit parvenu d'atteindre, après plusieurs mois de voyage. Il nous a indiqué lui-même, la marche lente de sa galère, lorsqu'il évalue le trajet de Gades au promontoire Sacré à cinq jours ou 2500 stades. Or, pour arriver de Marseille au promontoire Sacré, il lui fallait au moins 20 jours, parceque la navigation de Marseille jusqu'au détroit des Colonnes, évaluée à 7000 stades, était bien connue et plus facile qu'ailleurs. Mais depuis le promontoire Sacré pour tourner le reste de l'Europe, et tout le golfe Celtique jusqu'à la pointe Calbion, il avait besoin, au moins de 40 jours. Depuis Calbion jusqu'au détroit et au promontoire Cantion 15 jours pouvaient lui suffire. Ce nombre répond à l'espace de 7500 stades ou 15 jours de navigation du littoral opposé de la Bretagne, depuis Bélérion jusqu'au Cantion. De Cantion jusqu'à Orcas, les 20000 stades indiquent un passage de 40 jours. Enfin, depuis Orcas jusqu'à Thulé, 6 jours ou 3000 stades. On peut donc estimer tout le temps que Pythéas employa pour arriver jusqu'à Thulé au moins à 121 jours, ou quatre mois de navigation. En s'avançant ainsi au Nord il y a appris la marche de l'agrandissement et de la diminution consécutive du jour. Les habitants lui indiquaient le coucher du soleil, et lui assuraient qu'il y avait des saisons où la nuit était continuelle (95). Puisqu'il lui fallait montrer le coucher du soleil, il est évident qu'il ne l'a pas vu, la brume le lui dérobait. Dans sa description de l'Océan, il dit : « des barbares nous ont montré le coucher du soleil. Car il arrivait dans ces lieux là, que la nuit était extrêmement courte, elle ne durait que 2 ou 3 heures ; et le soleil disparu sous l'horizon, après un court intervalle, reparaissait à son lever (96). » Il est donc évident par les propres paroles de Pythéas

---

(95) Pytheas ap Cosm. indicopl. II, pag. 149.

(96) Φησὶ γοῦν ἐν τοῖς περὶ τοῦ ὠκεανοῦ πεπραγματευμένοις αὐτῷ, ὅτι ἐδείκνυεν ἩΜΙΝ οἱ βάρβαροι, ὅπου ὁ ἥλιος κοιμᾶται. Συνέβαινε γὰρ περὶ τούτους τοὺς τόπους τὴν μὲν νύκτα παντελῶς μικρὰν γίνεσθαι ὁρᾶν εἰς μὲν β' εἰς δὲ γ' ὥστε μετὰ τὴν δύσιν μικρῷ διαλείμματι γινομένῳ ἐπανατέλλειν εὐθὺς τὸν ἥλιον. Pytheas, apud Gemin. 5 p. 22.

que ce n'est que d'après les indications des barbares qu'il déterminait la longueur du jour solsticial, que lui-même n'a point vu ce long jour, et par conséquent, qu'il s'y trouvait dans une saison éloignée du solstice d'été, avant ou après le solstice. S'il est parti de Marseille vers la fin du mois de décembre ou au commencement de janvier, il se trouvait vers le milieu du mois de mars et vers la fin d'avril à Thulé, il lui fallait le reste d'avril, le mois de mai, et les premiers jours de juin pour revenir de Thulé à Cantion, pour continuer son entreprise et passer les jours de solstice sur les rivages de la Celtique rhénane. Cette conjecture s'accorde avec ses récits, puisqu'il assure de plus que, revenant de ces contrées, il parcourut toutes les côtes de l'Europe, sur l'Océan, depuis Gades jusqu'au Tanaïs (97).

Pythéas reprend son voyage pour aller au-delà du Rhin jusqu'au Tanaïs.

En revenant de sa navigation vers le Nord, Pythéas, sans entrer dans le détroit de Cantion, tourna à gauche, et côtoya l'Europe ultérieure. Quelques jours de traverse vers l'orient, le conduisirent à l'embouchure du Rhin.

(97) Pythéas ap. Strab. III, page 104. — Le texte de Strabon présente ici une difficulté d'où on a voulu tirer de singulières conséquences. Il dit : καὶ δὴ ἐπανελθὼν ἐνθένδε πᾶσαν ἐπέλθοι παρωκεανῖτιν τῆς Εὐρώπης ἀπὸ Γαδείρων ἕως Ταναΐδος. Il s'agit comment expliquer le verbe signalant son retour. Par ce mot ἐπανελθὼν, on a cru distinguer ses deux voyages; on s'est imaginé que de retour à Marseille, il reprit pour la seconde fois son cours pour visiter tout l'espace extérieur de l'Europe. Bougainville observa que l'aoriste ἐπανελθὼν n'est pas bien rendu par *reversus*; il n'indique pas étant revenu, mais *en revenant* de sa navigation vers le Nord il côtoya l'Europe. Les autres, pour concilier une embouchure du Tanaïs que Pythéas disait atteindre, avec l'embouchure du Don, croyaient que le second voyage n'était guère dans l'extérieur sur l'Océan, mais plutôt dans l'intérieur de la mer méditerranée, jusqu'à la mer Noire et la mer Azof où le Tanaïs se décharge. De Brequigny proposa de petits changements dans le texte pour faire cette assertion plus claire. Gosselin s'empresse d'admettre cette ingénieuse invention, puisqu'il croit que Pythéas observait l'ombre du gnomon à Byzance et qu'il y était célébré le jour du solstice. C'est une belle manière dans les recherches que de changer le texte des auteurs et de leur faire parler au gré des scrutateurs. Gosselin, renchérit sur tous ceux qui se sont exercés dans ce métier érudit, lorsqu'il propose une continuelle métamorphose de chiffres concordants dans le texte de Strabon, pour y créer une concordance d'un autre genre. Mais ces changements sont tout-à-fait déplacés. Nous remarquerons en outre que Pythéas n'a jamais observé le gnomon à Byzance, et qu'il a réellement visité les rivages au-delà du Rhin.

Au-delà du Rhin habitaient les Ostions 'Οστιαιοι, 'Οστίονες (98).

Plus loin se présente un golfe appelé Mentonomon, qui a 6000 stades d'étendue.

Les Guttons, peuples de la Germanie, habitent les bords de ce golfe.

Dans ce golfe, à une journée de navigation du continent, il y a une île, nommée Abalus ou Abalcia, 'Αβαλκια, sur les bords de laquelle les flots, au printemps déposent du succin. Cette substance est une déjection de la mer concrète. Les habitants le brûlent au lieu de bois, ou le vendent aux Teutons dont ils sont voisins (99).

Les Teutons, habitent le continent. Le texte de Pline qui rapporte le récit de Pythéas, nous force à quelques remarques. Pline dit : *Pythéas... diei navigatione insulam abesse Abalum, illuc vere fluctibus advehi* (le succin), *et esse concreti maris purgamentum, etc. Huic Timæus credidit sed insulam, Basiliam vocavit* (Pline, XXXVII, 11). La même île portait donc un double nom. Pythéas l'appela Abalon ou Abalcia; Timée Basilia. Diodore de Sicile, qui copiait les descriptions de Timée, vient à l'appui de cette observation, car il donne à cette île le nom de Basilia (a). Cette différence prenait certainement son origine dans une mauvaise copie de Pythéas dont se servait Timée en le répétant, mais elle était remarquée par Pline et Diodore. En attendant, un autre passage de Pline dit : *Xenophon Lampsacenus.... insulam esse immensæ magnitudinis Baltiam* (Abalciam), *tradit. Eandem Pytheas Basiliam nominat* (Plin. IV, 27). C'est le sens que nous présentent les éditions, et la répétition de Solinus (XIX, 6). Il est en contradiction avec l'autre passage précédemment cité, et attribue les différentes appellations de l'île, tantôt à Pythéas, tantôt aux autres. On expliquait, et l'on excusait cette contradiction, par l'inadvertance de Pline, qui accorde le nom timéen à Pythéas, et le nom pythéen à Xénophon. Certes cette explication a été très-probable. Cependant je crois pour cette fois délivrer Pline d'une semblable méprise, car la discordance

---

(98) Pytheas ap. Strab. II, pag. 59, et ap. Steph. Byz. h. v.

(99) Pytheas ap. Plin. IV, 27, XXXVII, 1, 11; Solinus XIX, 6; Timæus apud Diod. Sic. V, 23, et ap. Plin. XXXVII, 11.

(a) Τῆς Σκυθίας τῆς ὑπὲρ τὴν Γαλατίαν καταντικρὺ αὐτῆς ἐστι πελαγία τις ἐκτὸς ὁ προσαγορευομένη Βασίλεια. Diod. Sic. V, 23.

n'y est qu'apparente : elle existe dans la transposition bizarre de son style, dans l'omission d'une parenthèse, et dans la ponctuation déplacée. Il faut lire : *Xenophon Lampsacenus insulam esse immensæ magnitudinis, (Abalciam tradit eandem Pytheas), Basiliam nominat.* C'est donc Xénophon qui nommait Basilia, cette même île que Pythéas disait être Abalcia. Xénophon répéta la mauvaise copie de Timée.

Enfin Pythéas arriva jusqu'à l'embouchure septentrionale du Tanaïs et y termina ses découvertes (100).

D'après tout ce qui a été relaté par les anciens, on peut dire avec certitude, que les êtres de la géographie poétique lui ont été tout-à-fait étrangers. Il ne rechercha point les habitations des Cimmériens, des Hyperboréens, ni l'emplacement de l'Eridan et d'autres fantaisies, mais il alla à la reconnaissance des peuples qui existaient réellement, et rapporta leurs noms véritables. Il était le premier qui eut donné à la géographie, les noms des Ostions, des Guttons, des Teutons, et peut être des Germains, qui furent retrouvés 500 ans plus tard par les Romains dans les mêmes cantons (101). Les Celtes et les Scythes séparés par le Tanaïs, et l'embouchure septentrionale de cette rivière, étaient un problème éminemment géographique, qui devait préoccuper toute son attention. Il lui appartenait de distinguer les peuplades gauloises et celtiques des peuplades d'une autre race. Où il croyait apercevoir cette distinction, là il fixait les limites et la fin de la Celtique et le commencement de la Scythie; là, la première rivière plus considérable qui se jette dans l'Océan vers le septentrion, est nécessairement le Tanaïs.

Il est certain que Pythéas, se servit du nom de Tanaïs, qu'il l'a appliqué à l'embouchure d'un fleuve qui se perdait dans l'Océan septentrional : mais rien ne nous dit, qu'il ait partagé l'opinion d'un Tanaïs à double embouchure. Son copiste Timée distingue le Tanaïs du nord, de celui qui se jette dans le Méotis.

---

(100) Pythéas ap. Strab. II, pag. 104.

(101) Germanorum genera quinque : Vindili, quorum... *Guttones*; alterum genus, Ingævones, quorum pars... *Teutoni*... Proximi autem Rheno *Istaevones*... (Plin. IV, 28).—Celebrant carminibus antiquis *Tuistonem*... et filium *Mannum*... Manno tres filios assignant, e quorum nominibus... cæteri *Istaevones* vocentur (Taciti Germ. 2). Trans Lygios, *Gothones* regnantur (ibid. 43).

Il n'avait selon lui rien de commun, excepté le nom (102). Il est plus que probable, que c'était l'opinion de Pythéas. Le voyageur éclairé, sans avoir le vrai nom de la rivière qu'il voyait, lui donnait le nom convenu dans la géographie du temps, celui de Tanaïs : mais il concevait l'invraisemblance de son identité avec le Tanaïs méotide, soit par les relations des barbares, soit par ses propres conjectures. Le double Tanaïs et le triple Eridan furent dans ces siècles là, l'objet des conjectures et des hypothèses, comme sont de nos jours le Nil et le Niger, et tôt ou tard ce dernier disparaîtra des cartes, et reprendra son véritable emplacement sur les cartes anciennes près du mont Atlas.

Où a-t-il indiqué la fin orientale de la Celtique, c'est aussi une question bien difficile à résoudre. L'école aristotélique qui bientôt a eu connaissance des ouvrages de Pythéas, savait qu'il y avait dans l'intérieur de l'Europe une chaîne de montagnes Arciniennes (103). Elle surpassait par sa grandeur celle des Rhipes ou Rhiféenne, chaîne scythique, et donnait l'origine aux rivières de la première grandeur, qui se dirigeaient vers le nord et se jetaient dans l'Océan septentrional (104). Cette école, savait aussi que Germara est une nation celtique (105). On peut y conclure, que la Germanie, à l'opinion de Pythéas fesait partie de la Celtique et qu'elle était avec la Celtique, terminée à l'est par le Tanaïs.

Mais son copiste Timée parlait de plusieurs îles sans nom, parmi lesquelles il en estime une située vis-à-vis et à une journée de navigation de la Scythie surnommée Raunonia ; sur les bords de cette île anonyme la mer dépose de l'ambre au printemps (106). Cette île anonyme possède donc toutes les attributions de l'île Basilia ou Abaléia qui, à l'avis de Timée lui-même, était placée sur une mer de l'Océan, qui baignait les côtes de

---

(102) Timæus ap. Diod. Sicul. IV. 58. Pour expliquer le passage des Argonautes de la Colchide à l'Océan, par le fleuve Tanaïs, Timée disait que les Argonautes remontant le Tanaïs de Méotis, furent forcés à transporter leur vaisseau par terre pour descendre par un autre Tanaïs vers l'Océan.

(103) Montagne, forêts Hercyniennes.

(104) Pseudo Aristot. meteor. I, 13. Ce sont les rivières Tanaïs, Rhin, Carambyca.

(105) Aristot mirab. auscult. V, ap. Steph. Byz. voce Γερμαρα.

(106) Timæus ap. Plin. IV, 27.

la Scythie au-delà de la Galatie ou de la Celtique (a). Cette Scythie est donc surnommée Raunonia, et les Teutons, auxquels les insulaires vendaient leur ambre, habitaient la Scythie Raunone, ou Rhénane (107). Toutes ces particularités se rangent singulièrement, et se rattachent à des notions détachées et isolées de Pythéas en les suppléant, car il est plus que certain, que les écrivains postérieurs puisaient dans les détails de sa narration et en enrichissaient la terminologie géographique.

Avant le voyage de Pythéas, on disait en Celtique, et les Grecs le répétaient, que les peuples septentrionaux souffraient beaucoup par suite des inondations fréquentes, on disait même, qu'ils ne voulaient point reculer devant le débordement de la mer et en s'y opposant les armes à la main, ils périssaient plutôt (108). Pythéas et son copiste Timée parlaient de la haute-marée qui submergeait les îles entre la Bretagne et la Celtique ; ensuite lorsque l'Océan se retire, la langue de terre qui les joint à la terre ferme, se découvre entièrement, et elles ne sont plus alors que des presqu'îles (109). Depuis que les Romains connurent mieux les îles et le littoral entre le Rhin et l'Elbe, on parla plus souvent de débordements et des inondations (110). Les rivages y étaient continuellement mouillés et minés par les eaux ; on y voyait les îles flottantes, ou les portions de la terre détachées et voguant avant d'être submergées. Les îles disparaissaient ou se formaient, la mer fesait des brèches terribles dans la terre ferme et y formait ses golfes, ses lagunes, ses lacs. Les dévastations plus récentes sont connues (111). Le terrain étant sablonneux céda à la violence de la mer et aux ravages effroyables. Les îles visitées autrefois par le Massilien et par les Romains, disparurent ou diminuèrent en étendue. L'exploitation du succin fut coulée à fond.

Les bords du golfe Mentonomon furent habités par les Teutons et les Guttons ; le succin était déposé sur les rivages de

---

(a) Timæus apud. Diod. Sic. V, 23.
(107) Scytharum nomen transit in Germanos Plin. IV, 25.
(108) Ephorus apud Aristot. ethicor. Eudemior. III, 1; ap. Strab. VII, pag. 293; Aeliani var. hist. XII, 23.
(109) Diod. Sic. V, 17.
(110) Contemporanei apud Strabonem VII, pag. 293.
(111) En 1200, 1218-1221, 1277-1287, 1362, etc.

l'île Abalcia. Trois siècles après, les Romains visitant les armes à la main, les vingt-trois îles entre le Rhin et l'Elbe appelèrent une d'entre elles Glessaria à cause du succin qu'on y trouvait ; elle était nommée par les barbares Austrania (112). Une autre portait le nom de Burchana et on retrouve ses restes dans l'îlot Borkum d'aujourd'hui. Aucun nom actuel ne répond plus à Austrania. Mais l'île Baltrum rappelle l'ancienne Abalcia ou l'immense Basilia. Une peuplade germanique ou teutonique, qui portait le nom de Guttons devait y demeurer alors près de la rivière Jahdé. Pythéas n'a rapporté aucune idée de la péninsule de Jutland : la géographie fut privée de cette notion jusqu'au temps des Romains. Tout nous porte à croire qu'il a terminé son voyage dans le golfe Mentonomon à l'embouchure de l'Elbe (113). Il y était vers le milieu de juillet. Il lui fallait à peu près cent jours pour retourner, et il pouvait revenir à Marseille dans la même année vers la fin d'octobre.

Opinion des Grecs sur l'Occident depuis Pythéas jusqu'aux Romains.

Le voyage de Pythéas, n'avait rien de comparable parmi les contemporains, ni dans les siècles précédens. Il surpassait de beaucoup l'expédition de l'ancien Himilcon. L'espace parcouru par cet ancien, de Karthage jusqu'aux Cassitérides, pouvaient être évalué à 65000 stades, celle de Pythéas à 93000 stades. Quelques années après, le navigateur macédonien, Néarchos, parcourut les côtes méridionales de l'empire subjugué, depuis l'Inde, jusqu'à l'Euphrate. La longueur de sa course fut évaluée à 25000 stades. Mais Pythéas a fait le double de 93000 stades, en y comptant son retour, c'est-à-dire 186000 ; or, c'est plus de sept fois autant qu'en a fait Néarchos. Supposant même que l'espace

(112) Plinius IV, 28
(113) Pour ceux qui désirent voir Pythéas, courir la mer Baltique, retrouver le Tanaïs dans la Duna dont le nom ressemble au Don ; la Raunonic dans les environs des rivières Radauna et Rheda ; les anciens Guttons près de la Vistule ; le golfe Mentonomon à l'orient de la péninsule danoise, ou au nord de la Prusse : je ferai remarquer que les noms de Baltia, Abalcia, et de la mer Baltique, tirent leur origine des langues lettes, et signifient *blanc* En lithuanien *baltas*, en letton *balts*, en slavvon *biali*, *bialki*. La mer Baltique, ou Blanche. Le nom des détroits *Belt*, à aussi du rapport avec la Baltique, ou bien avec la dénomination Slavone de la flèche *belt*.

entre Marseille et Calbion fut assez connu aux Massiliens et à leur voyageur, il reste 45000 stades pour aller et revenir sans soutien dans des plages inconnues; l'expédition de Néarchos était soutenue et secourue par la marche de l'armée victorieuse. Il n'y a donc rien d'étonnant si les Grecs, en apprenant cette extraordinaire entreprise, se montraient incrédules par ignorance. Je dis par ignorance, car ils se disaient eux-mêmes ignorants dans tout ce qui concernait l'obscur et inabordable Occident.

Le voyage et la description de Pythéas pénétrèrent bientôt en Grèce et provoquèrent une attention méritée. L'école aristotélique a été la première qui a voulu les apprécier. C'était une époque infiniment féconde pour la science. De toutes parts et surtout de l'Orient arrivaient des connaissances sans nombre, pour la physique, pour l'histoire naturelle, pour la géographie. L'expédition d'Alexandre ouvrit à la science le monde inconnu. Il fallait du temps pour que des notions plus déterminées arrivassent, mais d'avance les péripatétitiens furent encombrés dans leurs études, d'une masse de contes sur les choses réelles ou inventées, de descriptions vraies ou fabuleuses, sans avoir d'idée fixe pour le discernement. Ils étaient forcés de sortir de leurs anciennes conceptions et ne pouvaient se décider à prendre un parti. Dans cet état de l'esprit, les narrations de Pythéas ont eu un sort inégal. Dicéarchos vers 321, corrigea les fautes et les préjugés de l'ancienne géographie, dressa une carte et la dédia à son condisciple Théophraste, qui la fit suspendre sous les portiques de l'école pour l'usage général (114). Dicéarchos ne croyait pas aux récits de Pythéas (115). Il aima mieux retracer sur sa carte un Océan inconnu, que d'admettre les descriptions qui outrepassaient ses conceptions. C'était le fruit de son ignorance.

Les autres de cette école, par-ci par-là, admettaient différents récits massiliens. Les ouvrages sur la *météorologie* et sur *les curiosités merveilleuses* en sont une preuve. Attribués à Aristote même, ils furent rédigés quelques années plus tard, sous l'influence de l'impression variée que fesaient les nouvelles découvertes. Peut-être ces ouvrages furent-ils bientôt interpolés, mais on y voit les idées surannées, les fragments de différentes hypo-

(114) Diog. Laert. V, 51; Cicero ad. Att. II, 2; VI, 2.
(115) Polyb. ap. Strab. II, pag. 104

thèses macédoniennes, les opinions phœniciennes, et les traces des recherches de Pythéas. On n'y trouve rien de ce qui concerne la Bretagne, mais on y trouve : les chaînes arcyniennes d'où découlent vers le nord les grandes rivières, une nation celtique Germara.

Au nombre des écrivains de l'école aristotélique, je compterai Hécatée d'Abdère, condisciple d'Alexandre-le-Grand. Il a publié un fameux ouvrage sur les Hyperboréens, dont le titre décèle une vieille idée poétique rajeunie sous sa plume. Elle devait s'allier aux nouvelles découvertes et y prendre une place éminente au détriment de la science et du bon sens. Hécatée, énumérant tous les êtres mystérieux de la géographie septentrionale, enrichit leur nomenclature d'une rivière scythique récemment trouvée en Orient par le conquérant, qu'il a appelée Paropamissos et plus encore des promontoires et des îles Celtiques, qu'il a probablement puisées dans les relations véridiques de Pythéas, pour les entrelacer dans les plages superboréennes. On rencontre d'abord suivant Hécatée, le promontoire Lytarmis qui appartient à la Celtique, puis le fleuve Carambycis à l'endroit où finit la rigueur du climat et où se termine la chaîne riphéenne. L'île Elixoïa habitée par les Hyperboréens aussi grande que la Sicile, disait-il, était à l'embouchure du Carambycis au-dessus de la Celtique. Ceux des Hyperboréens qui possédaient les rivages d'Elixoïa à l'opposite de la dite rivière, portent le nom de Carambyciens (116). Ce serait une peine perdue si nous voulions éclaircir les relations de l'ignorance et de l'embrouillement mystique, comme elles se trouvent dans les fragments de Hécatée : mais si nous les transportons sur le terrain de la véracité du Massilien, la Celtique reconnue par ses investigations, ouvre ses sinuosités pour ces noms perdus. Je n'ose cependant proposer de chercher Elixoïa dans Oleron et la rivière Carambyce dans la Garonne, Garumna.

Nous avons déjà plusieurs fois observé, que personne n'a répété aussi exactement les récits de Pythéas que Timée de Tauromenion. Il l'a copié avec toute confiance. En qualité de Siciliote, il était plus à portée de juger de l'authencité de ses découvertes.

(116) Hecat. Abder apud Steph. Byz. voce Ἐλίξεια Καραμβύκαις; ap. Diod. Sic. I, 47, Plin. IV, 14.

Cinquante ans après Pythéas, Timosthénès, avec une flotte du roi Ptolémée, parcourut en 272, toute la mer interne et celle au-delà de Sicile. Mais il visita, les rivages de l'Etrurie légèrement et il ne toucha point à ceux de Libye. Cependant il fit connaître à l'école d'Alexandrie, l'emplacement géographique de Marseille (117) et il est probable qu'il apporta les ouvrages de Pythéas.

L'école savante d'Alexandrie a su bientôt apprécier le vrai mérite de Pythéas. Eratosthénès vers 226 et après lui l'astronome Hipparche vers 160, remarquèrent dans Pythéas un écrivain instruit et savant, ils admettaient ses découvertes, consultaient et suivaient ses observations et avec son aide, amélioraient la science et les cartes géographiques.

Enfin les Romains pénétrèrent dans la Gaule et dans l'Ibérie. Ils savaient jusqu'à quel point les opinions grecques se divisaient sur le voyage de Pythéas, trop renommé chez les écrivains; ils avaient la connaissance de sa découverte. Scipion passant en 217 par la Gaule, désirait avoir des renseignements plus nombreux sur ce sujet. Il questionna les Massiliens, qui sans désavouer leur ancien compatriote, n'avaient rien à dire de remarquable sur la Bretagne. Il en fût de même des habitants de Narbonne et de Corbilon : ils n'en étaient pas plus instruits, quoique ces deux villes fussent les plus considérables de ce canton (118). Ils n'avaient rien à dire d'extraordinaire pour un curieux romain, mais ils connaissaient l'existence de tout ce que Pythéas a relaté dans ses ouvrages : car ils fesaient leur trafic avec les Bretons à travers la Gaule. Les Namnètes qui habitaient autour de la ville de Corbilon et les Venètes leurs voisins, allaient par mer jusqu'à la Bretagne faire leur négoce; les autres transportaient les marchandises des insulaires sur des chevaux jusqu'à l'embouchure du Rhone. Ce trajet par la Celtique, durait 30 jours.

Les conquêtes des Romains ouvrirent aux Grecs subjugués l'Occident. Polybe, otage du joug imposé, suivait les enseignes des spoliateurs du monde, entreprenait des voyages dans les mers au-delà de Sicile et sur les côtes de l'Afrique, il parcourut l'Océan,

---

(117) Je crois pouvoir admettre cette hypothèse, car il plaçait le promontoire africain Métagonion, sous le méridien de Marseille. Strab. XVII, pag. 827.

(118) Polyb. ap. Strab. III, pag. 190.

sans aller au nord, il enviait le savoir de Pythéas et le considérait comme un charlatan et un menteur ; se fiant dans sa propre expérience et ses vastes connaissances, il observait les erreurs des écoles, proposait des rectifications ; sans savoir comment les terminer, il bouleversait la géographie, ignorant les rapports du ciel à la terre. Il convient que la Celtique est baignée en dehors par l'Océan : il «luait sa largeur depuis la Méditerranée jusqu'à l'Océan à 9200 stades ; mais il assurait que la Celtique depuis Narbonne jusqu'à Scythie était un pays inconnu. En avouant son ignorance, il en montre une plus sérieuse lorsqu'il déplace la latitude géographique de Marseille, au point de la placer à 46°, quatre degrés plus au nord, ou à 40°, trois degrés plus au sud. Cependant il avait cette latitude fixée par les observations de Pythéas, lui-même y était et pouvait vérifier le chiffre du voyageur menteur. C'est l'adversaire le plus terrible de Pythéas (119.)

Il semble que le géographe Artémidor vers 100, à l'exemple de Polybe, n'admettait pas qu'un autre pût savoir ce qu'il ne savait pas : parce qu'il négligeait les récits de Pythéas et l'accusait de charlatanisme, sans substituer ses propres connaissances à la place de celles qui ne s'accordaient pas avec ses conceptions, et qu'il rejettait tout bonnement. La saillie du promontoire Calbion fut remplacée par celle d'Artabron promontoire d'Espagne, mais la Bretagne a été renvoyée sur le compte des mensonges.

Je terminerai cette petite suite des écrivains qui ont énoncé leur avis sur Pythéas, par Strabon. Il suit l'opinion de Polybe, sans relever les fautes et les erreurs du Massilien, il voit dans toutes ses données géographiques une invention, et un mensonge. Même la latitude de Marseille méritait, chez le géographe ignorant, cette qualification, car il la déplace et donne à Marseille 40° 34' de latitude et met à la place de Thulé, l'Irlande, comme une île septentrionale à la Bretagne. Jules César a donné une autre description de ces îles, mais l'adversaire de Pythéas jugea autrement, et mit obstinément d'autres renseignements qui ne sont pas meilleurs que ceux du Massilien, qui tombent dans un excès contraire ; Pythéas se créa des conceptions grandes et élevées prises sur le lieu, Strabon en inventa d'autres rapetissées et

(119) Voyez *Badania*, mes recherches sur la géographie ancienne, III, 68-74.

rabaissées, comme furent les renseignements rétrécis que son esprit comprenait. Chacun selon ses capacités (120).

PYTHÉAS GÉOGRAPHE-ASTRONOME.

Pythéas était un savant du siècle, et personne ne lui dispute la connaissance de l'astronomie. Cherchant avec soin la hauteur du pôle, il s'assura, qu'en cet endroit du ciel, on ne voyait de son temps aucune étoile, mais que le pôle formait avec trois étoiles voisines un quadrilatère (121). Il paraît que ces trois étoiles sont β de la Petite-Ourse, α et x du Dragon. A deux ou trois degrés du pôle, était alors l'étoile du nez de la Giraffe, elle pouvait passer pour étoile polaire : mais Pythéas ne s'en rapporte guère comme l'ont fait ses prédécesseurs qui croyaient voir un astre polaire toujours immuable aux yeux de l'observateur. Pythéas plus habile et plus scrupuleux, montra sous ce rapport plus d'exactitude (122). Il pouvait donc mieux se servir du ciel en naviguant; s'il était pilote ou s'il était consulté par les marins. Les navigateurs grecs se dirigeaient ordinairement avec la Grande-Ourse; pour lui, il comprenait les moindres espaces et les petites rotations. L'œil des Phœniciens se portait sur ce point et profitait sur la mer; le voyage du Massilien devait en tirer plus d'avantage. Cela explique sa téméraire excursion jusqu'à Thulé.

L'école alexandrienne en applaudissant à la détermination de l'emplacement du pôle, ne s'est pas permis la moindre remarque contre les aspects du ciel indiqués par Pythéas. Elle savait au contraire, que cet astronome se servit d'un énorme gnomon

(120) Voyez les n°ˢ 7, 10, 11, de nos planches; et nos *Badanio*, recherches sur la géographie ancienne, III, 105, 106.

(121) Περὶ μὲν οὖν τοῦ βορείου πόλου Εὔδοξος ἀγνοεῖ λέγων οὕτως ἐστὶν δὲ τις ἀστὴρ μένων κατὰ τὸν αὐτὸν τόπον. Οὗτος δὲ ὁ ἀστὴρ πόλος ἐστὶ τοῦ κόσμου ἐπὶ γὰρ τοῦ πόλου οὐδὲ εἷς ἀστὴρ κεῖται, ἀλλὰ κενός ἐστιν τόπος, ᾧ παράκεινται τρεῖς ἀστέρες, μεθ' ὧν τὸ σημεῖον τὸ κατὰ τὸν πόλον τετράγωνον ἐγγιστα σχῆμα περιέχει. Καθάπερ καὶ Πυθέας φησὶν ὁ Μασσαλιώτης. Hipp. in Arati phænom. I, 5, p. 179.

(122) Delambre hist. de l'astron. ancienne, tom. I, pag. 18, 110. Pythéas semble être négligé dans cet inestimable ouvrage. Mais l'auteur a bien entrepris sous ce titre la marche chronologique en analysant et appréciant consécutivement les ouvrages astronomiques des anciens qui sont parvenus jusqu'à nous. Les écrits du Massilien sont perdus, par conséquent il n'y a trouvé aucune place particulière, qu'il méritait.

dont il observait l'ombre à midi le jour du solstice ; par ce moyen il déterminait l'obliquité de l'écliptique et la latitude géographique de Marseille (123). Il a trouvé qu'à Marseille l'ombre au gnomon était en proportion de $41\frac{4}{5}$ à 120 (ou de $20\frac{54}{60}$ à 60) (124) et le plus long jour de 15 heures et 15 minutes (125). Or, Ératosthènes et Hipparche conclurent que Marseille de l'équateur était au nord à 43° 3' 38" (126). Ils vérifiaient et fixaient l'obliquité de l'écliptique à 23° 51' 15" (127), et ils acceptaient avec une confiance bien méritée, la latitude géographique de sa patrie. C'était un service bien éminent pour la géographie. Pour comprendre toute sa valeur et toute son importance, je vais reprendre un peu plus haut les connaissances grecques de la géographie, avant cette époque (128).

État de la géographie, antérieure à Pythéas.

La poésie et la science grecque ne pouvaient se passer de certaines formes et d'une espèce de symétrie. La géographie en subissait particulièrement les conséquences. Elle était subordonnée à certains principes dont elle refusait la direction, et soute-

(123) Pytheas ap. Cleomed. cycl. théor. I, 7.
(124) Pytheas ap. Strab. II, pag. 115.
(125) Pytheas ap Strab. II, pag. 71, 134.
(126) Comme on soupçonne Pythéas (dit Gosselin, recherches sur la géo... tom. IV, pag. 61) de s'être servi d'un gnomon terminé en pointe, et que nul... il n'est dit qu'il ait négligé l'effet de la pénombre, il nous paraît juste de ne pas attribuer à cet ancien une erreur qu'il peut ne pas avoir commise : alors il faut ajouter quinze minutes au résultat du calcul et reconnaître que Pythéas a dû conclure la latitude de Marseille à 43° 18' 25", c'est à quarante secondes près que nos astronomes lui donnent aujourd'hui.
(127) Eratosth. ap. Ptolem. almagesta. I, 2.
(128) On croit ordinairement que Pythéas a observé aussi la latitude de Byzance et qu'il y a commis une erreur impardonnable. M. de Zach a tenté de venger la mémoire de Pythéas des critiques de Strabon. « Si Strabon (dit M. Delambre hist. de l'astr. anc. tom. I, pag. 18), se montre un peu trop sévère et trop prévenu contre Pythéas, son apologiste a peut-être donné dans l'excès contraire : c'est un procès difficile à juger ». A mon avis il n'est pas si difficile lorsque l'on comprendra mieux la controverse qui existe entre l'ignorance de Strabon et les efforts des géographes-astronomes; lorsqu'on observera que Strabon n'indique la vraie latitude de Marseille que relativement à une autre. Cependant nous savons positivement que cette latitude de Marseille était fixée indépendamment de toute autre. Au reste, jamais je ne puis me convaincre qu'il y ait quelque motif à admettre une observation quelconque de Pythéas à Byzance.

nait les bases. Le monde, la terre, le continent exigeaient une figure, un système, un schème, σχημα, et une forme comparative, un fondement, un point d'appui, un point central, et des dimensions symétriques. La poésie se servait par excellence des chiffres 9, 10, 100; ils donnèrent l'origine aux chiffres géographiques. La géographie, prenait son origine, comme les autres sciences dans la poésie; elle s'en ressentit long-temps.

Les conceptions primitives, croyaient que la terre placée sur les bases du monde, était plate et que son continent était entouré du fleuve Océan, et avait au centre la capitale terrestre des dieux, Olympe, ou l'oracle des Delphes qui servait de nombril, ὀμφαλος, au monde; on était certain, que Samos vers l'est, et Sicile vers l'ouest sont à la même distance du Péloponnèse. On comptait 9 jours de navigation des rives de la Grèce, jusqu'en Sicile, évaluée à 9000 stades. La Sicile était tout près de l'Océan et du terme du continent d'où l'on descendait au Tartare et aux enfers; il fallait courir 9 jours pour arriver dans ces régions inférieures. Or le diamètre du continent de l'est à l'ouest pouvait avoir 20000 stades. De la Troade jusqu'en Crète, on comptait 7 jours, et de la Crète jusqu'en Égypte 5 jours de navigation évaluée à 11000 stades, plus que la moitié du diamètre de l'est à l'ouest, moins que le tiers du diamètre tiré du nord au sud (129).

Les connaissances se sont étendues d'un côté par la navigation vers le détroit d'Hercule et au Tartesse, de l'autre par les relations avec l'empire persan, et les logographes savaient mieux expliquer et déterminer la croyance poétique de leurs prédécesseurs. Anaximandre philosophe-géographe, vers 555 dressa le premier les cartes géographiques, dont Hecatée logographe-géographe composa de suite les descriptions (130). La terre, placée au milieu du monde, s'y soutient à leur opinion, parce qu'elle est placée au centre même. Elle a la forme d'un cylindre. Son diamètre est trois fois plus grand que sa hauteur. Sur sa surface le continent est rond comme s'il eut été l'œuvre d'un tourneur. L'Océan l'entoure; les Delphes, sont au centre (131). On savait qu'il fallait 9 jours pour descendre aux enfers souterrains; or,

---

(129) Voyez la planche n° 1.
(130) Strab. I, pag. 7. Agathem. I, 1.
(131) Anaxim. ap Aristot. de cœlo, II, 12, 13; ap. Plut. de plac. philos. III, 10 ap Euseb. præparat. evang. I, 8; ap. Agathem. I, 1; cf. Herodot. IV, 36. — V. la pl. n° 2.

le diamètre du continent offre 30000 stades. Du centre à l'ouest 9000 jusqu'à Sicile ; 600 au moins jusqu'à l'Océan. La carte itinéraire qu'Aristagoras montrait à Sparte cinquante ans après, exigeait 9000 stades du centre jusqu'à la gorge de l'Asie, ou jusqu'à l'Euphrate, et 6000 au moins pour le reste de l'Orient. La terre étant un disque exactement rond, par conséquent le diamètre du nord au sud comptait aussi 30000 stades. Mais le fameux voyageur Démocrite vers 450 expliquait très-ingénieusement, comment la terre plate est servie par les autres corps célestes : il reconnut que le continent est bien plus long de l'est à l'ouest, qu'il n'est large du nord au sud, et il a fixé en proportion sa largeur à sa longueur de 2 à 3 (132). Or, puisque la largeur était évaluée 30000 stades, la longueur monte à 45000 stades. Depuis cette époque, la terre habitable prit une forme ovale ou d'un œuf; sa longitude et sa latitude devinrent un objet de réflexion pour les géographes.

L'école ionienne, depuis Thales, admettait la sphéricité du monde et elle apprit des Chaldéens comment il faut observer le pôle. Mais la terre y était plate. Anaxagoras fut le premier, qui vers 453, y présuma sa sphéricité. Les écoles italiques furent plus hardies en admettant presque généralement l'opinion que la terre est une sphère. Les pythagoriciens depuis 450, inventaient différents systèmes du monde et l'opinion de la sphéricité de la terre n'était plus contestée que rarement. La terre une fois reconnue pour un globe, ses rapports aux cieux devinrent plus patents. Parménide vers 464 y distingua les zones (133). Différents cercles de la sphère céleste, l'équateur, les tropiques, l'écliptique se référaient à la terre (134). Les phénomènes célestes furent relatés pour déterminer les emplacements géographiques. Le gnomon, dont les Grecs ont eu connaissance des Chaldéens (135) pouvait déjà rendre un grand service à la géographie, mais il n'y a rien qui fasse supposer que les Grecs en aient si tôt profité.

Eudoxe de Cnide vers 360 fut le premier qui donna l'exemple de l'application des apparences célestes à la terre. Il observait

---

(132) Democrit. ap. Agathem. I, 1. — Voyez la planche n° 3.
(133) Achill. Tatii isagoge in phænom. pag. 157.
(134) Eudox. de Cnide. ap. Plut. de placit. philos. IV, 1.
(135) Herodot. II, 109.

les astres dans différents pays. Il avait son observatoire à Cnide, où l'étoile Canobos le préoccupa. Il remarqua que sa patrie, Cnide se trouvait sous le même climat que Rhode (136). Il avait un autre observatoire en Égypte, près de Cercassore (137). On lui attribuait les observations faites en Asie, en Sicile, en Italie (138). Par suite de tous ces travaux il a rédigé une description des étoiles, mais les données qu'on y trouve, ne s'accordent pas entre elles. C'est qu'il n'a point regardé le ciel, comme on le croyait généralement, qu'il a recueilli les observations grossières, faites à vue, peut-être en différents temps et différents pays. Il n'est pas étonnant qu'avec des éléments aussi imparfaits il ait donné des discordances énormes. On ne peut absolument rien conclure des livres d'Eudoxe (139). Mais Eudoxe publia aussi le période ou la description de la terre, où il détermina la position de différents cantons, en se rapportant à ses grossières observations. Son opinion prédomina la géographie de l'époque, et depuis en imposa plus d'une fois aux écrivains trop confiants.

Il a reconnu le climat de Rhode qui embrassait sa patrie, Cnide. Il y a vu, que les constellations de la grande ourse et du dragon ne se baignent jamais dans la mer, la tête du dragon ne fait qu'en raser les eaux, sans plonger (140). Par conséquent Rhode et Cnide se trouvent au 38° de latitude ou au moins au 37°. Mais il a remarqué que les autres parties de la Grèce sont situées plus au nord.

Il crayonnait singulièrement la figure de la Grèce. Une ligne dans la direction de l'est à l'ouest, retraçait les rivages de l'Attique depuis Sounion jusqu'à Isthme, puis elle suivait les rivages septentrionaux du Péloponnèse, enfin elle se terminait sur le mont Ceraunia (141). Le jour solsticial y était en proportion de

---

(136) Eudox. ap. Strab. II, pag. 119; cf. Ptolem. geogr. II, 2.

(137) Strab. XVII, pag. 5.

(138) Ptolem. de apparentiis, pag. 93; Philostr. vita Apollon. I, pag. 47; Aelian. var. hist. VII, 18.

(139) C'est le jugement de M. Delambre, hist. de l'astr. anc. pag. 122, qui relève les erreurs de 1400 ans qui devaient précéder l'époque d'Eudoxe et de 2400, qui ne pouvaient avoir lieu, qu'après lui. Cependant c'était au jugement de Polybe, de Strabon et des autres; μαθηματικὸς ἀνὴρ, καὶ σχημάτων ἐμπείρως καὶ κλιμάτων. Strab. IX p. 390.

(140) Eudox. et Strab. ap. Hipp. in phœn. I, 6; ap. Cleom. I, p. 80.—V. la pl. n° 5.

(141) Eudox. ap. Strab. IX, pag. 390.

la nuit comme 5 à 3, et le tropique comptait ses 15 parties sur l'horizon, et les 9 autres sous l'horizon (142). Il s'ensuivait que le parallèle de la Grèce, a été de 40° 52', ou 41°. Mais il disait, que dans les autres cantons de la Grèce, l'horizon partageait le tropique en proportion de 12 à 7 (143), ce qui donne 43°. La ceinture de Céphée y rase la terre, sa tête est dans l'Océan, le reste n'y peut descendre (144).

Une si haute élévation de la Grèce, force d'avancer la latitude de Byzance, encore plus au nord, jusque 45° (145).

Dès qu'on admit une terre sphérique, qu'on appliqua les cercles, que l'on détermina les latitudes, la question de la grandeur du globe se présentait indispensablement. Ceux d'entre les mathématiciens, qui essayèrent d'estimer, ou de calculer la grandeur de sa circonférence, disaient qu'elle peut aller à 40 myriades de stades ; d'où l'on peut conclure non seulement que la masse de la terre est nécessairement sphéroïde, mais qu'elle n'est pas grande, si on compare cette grandeur à celle des autres astres (146). Il est très-facile de retrouver les sources de cette estimation; elle repose sur les traditions géographiques. Les voici:

Egypte, selon Hérodote . . . . stades.	7000	7 $\frac{2}{3}$°
Passage jusqu'à la Crète, tradition homérique	5000	
— jusqu'à la Troade, homérique	7000	15 $\frac{1}{3}$°
— jusqu'à Byzance	2800	
Mer Euxin, selon Hérodote	5300	5°
Scythie, selon Hérodote	4000	3 $\frac{1}{3}$°
TOTAL . . .	30000	27 $\frac{1}{3}$°

Les latitudes géographiques de la Grèce qu'Eudoxe a proposées, répondent admirablement bien à cette dimension de la terre qui offre par 1111 $\frac{1}{9}$ stades sur un degré, et à toutes les distances respectées dans la géographie du siècle. Eudoxe croyait

---

(142) Eudox. ap. Hipp. in phœn. I, 5; cf. Arat. ap. Gemin. 4.

(143) Eudox. ibid.

(144) Eudox. ibid. — β de Céphée ne peut exactement raser la terre, qu'à la latitude de 43° 57', il se couchera si la latitude est moindre. (Delambre, histoire de l'astr. ancienne).

(145) Voyez la planch. n° 5. — Cette latitude était généralement adoptée et elle prévalait encore chez Ératosthènes.

(146) Aristotel. de coelo II, 14. καὶ τῶν μαθηματικῶν ὅτι τὸ μέγιστος ἀναλογί-ζονται πυρὸς ταύτης περιφερείας, εἰς τετταράκοντα λέγουσιν εἶναι μυριάδας (σταδίων).

encore que la terre habitable ou Continent, était deux fois plus longue qu'elle était large (147). Or, elle était large du nord au sud de 30000 stades, et longue de l'ouest à l'est de 60000. Pour rechercher le compte de cette longueur, Delphes ne pouvait plus servir du nombril. Le centre dans la latitude étant Cnide et Rhode, il est probable qu'il était le même dans la longitude. A l'ouest, 30000 stades évaluaient l'étendue de l'Asie; les autres 30000 stades à l'est, traversaient trois sections de la mer, touchaient trois péninsules et se divisaient en trois portions : 6000 stades de Rhode à Ithaque, 9000 homériques d'Ithaque au détroit de Sicile, 9000 jusqu'au détroit des Colonnes, le reste sur l'Océan, jusqu'à la pointe occidentale de la terre habitable, et pour les îles qui s'y trouvaient (148).

Rhode servait de centre à Éphore et aux autres, à déterminer les quatre coins du monde, et l'emplacement des quatre peuples ou à indiquer les quatre sections de la terre habitable sous les quatre vents; savoir, les Celtes sous Zéphyre; les Scythes sous Boréas; les Indiens sous Apéliotès; les Éthiopiens sous Notos (149).

On voit encore qu'Eudoxe jeta le premier, les bases pour le méridien et le parallèle central qui dirigeaient les descriptions et servaient de schème pour dresser les cartes. Le principe scientifique fut proclamé, mais son application a été infiniment grossière. Ces nouvelles tentatives ébranlaient cependant les préjugés invétérés et remaniaient les erreurs. Les anciens prédécesseurs d'Eudoxe, enchaînés et asservis par l'Océan, tordaient les directions des mers et des rivières, et les repliaient au nord vers la ligne diamétrale. Ils étaient forcés de leur donner cette direction, car le cours circulaire de l'Océan serrait le Continent et pressait toutes ses extrémités septentrionales et méri-

(147) Eudox. ap. Agathem. I, 1.
(148) Voyez une partie du système d'Eudoxe pl. n° 5. — Certes on m'accusera de conjectures trop hasardeuses : mais, à mon avis, elles sont démontrées par l'ensemble et la marche de la géographie, elles sont soutenues par l'application des itinéraires et des dimensions données par Scylax géographe, contemporain d'Eudoxe. J'ai réuni dans le même cadre, et sur la même carte en détail toutes leurs données en y appliquant cependant une autre grandeur de la terre, dans mon ouvrage *Badania; recherches de la géogr. anc.* III, 19-27.
(149) Voyez la pl. n° 4. — Timosthénès plaçait sa rose des vents à Rhode, lorsqu'il se servait d'elle pour énumérer les parties de la terre habitable.

dionales vers le centre. Dès que la terre habitable devenait oblongue, les chaînes océaniques se relâchaient, et l'expérience mieux exercée sur différents points, commettait d'autres erreurs ou inexactitudes. Tous les rivages obliques vers l'ouest, mieux scrutés par les navigateurs et les géographes, prenaient une direction excessivement oblique. Les rivages de la Grèce depuis Sounion vers Ceraunia sont obliques au parallèle de 20° et 50° ONO. et NO. Eudoxe les a courbés et placés sur le parallèle Ouest. Les côtes de la Sicile, entre Pachynon et Peloro, sont NNE, toutes les données et les descriptions de cette époque tournent leur direction à ONO. Ce défaut reparait plus d'une fois dans toute l'antiquité et il devait être le résultat de l'inexacte observation des astres ou du lever et du coucher du soleil.

Un autre défaut prédominant dans la géographie d'Eudoxe, existe dans la latitude. A mesure qu'elle avance vers le nord, elle pêche progressivement. On savait déjà que les limites méridionales de l'Égypte touchaient au tropique ; et le nord de l'Égypte, Canope et les embouchures du Nil tenaient leur juste latitude ; mais Rhode, placée sous le 36°, se trouvait chez Eudoxe sous le 37° au moins, plus qu'un degré trop au nord. Athènes et les rivages septentrionaux du Péloponnèse qui tiennent au parallèle de 38°, sont placés par Eudoxe au moins sous le 40°, par conséquent plus de 2° trop au nord ; Byzance, dont la latitude est 41°, remonte chez Eudoxe jusqu'à 45° et va 4° trop au nord.

Carte géographique de Pythéas (150).

La géographie se trouvait dans cet état d'imperfection du temps de Pythéas. Elle était en Grèce secourue par quelques notions astronomiques arrivées de l'Égypte ou de Babylone et avançait péniblement vers l'amélioration. Marseille était isolée, mais elle n'était pas arriérée dans la marche que la science prenait, et Pythéas le Massilien, contribua immensément à son amélioration. Il commettait comme nous l'avons observé les fautes du siècle. Les rivages de la Bretagne, de Cantion vers Orcas tiennent la direction 70° NNO, il les a couchés à 15° entre Ouest et ONO. Cette direction était le résultat de son voyage et de ses observations,

(150) Voyez la planche n°s 6, 7.

comme les directions détournées de différentes parties de la Grèce. — Nous avons aussi remarqué l'égarement des latitudes de Cantion, d'Orcas et de Thulé.

Cantion.	54° au lieu de	51° différence	+ 3°
Orcas.	61° —	58° —	+ 3°
Thulé.	66° —	60° —	+ 6°

Cet égarement dans les climats plus septentrionaux à Byzance, conjointement avec celui qu'Eudoxe commit dans la Grèce, prouvent que l'observation des latitudes, par le pôle, les astres et le soleil, a été susceptible d'erreurs progressives qui grandissaient à mesure que le lieu observé était plus septentrional.

Pythéas donnant par son voyage des renseignements entièrement neufs sur les contrées occidentales et septentrionales de l'Europe, et en les assujettissant aux formes prescrites, par la science, se distingua particulièrement par l'exactitude de ses observations dans sa patrie, où il mit en œuvre toute son attention. Il y remarqua comme nous l'avons dit, l'emplacement du pôle privé d'astre. Il y observa la longueur du jour, la proportion de l'ombre au gnomon. Peut-être était-il le premier des Grecs qui se servit avec succès de la doctrine babylonienne ou chaldéenne sur le gnomon, peut-être même l'a-t-il perfectionnée. Le résultat de ses observations, lui donna l'obliquité de l'écliptique, et la latitude de Marseille 43° 3' 38". Nulle part ailleurs, Pythéas n'eut de gnomon, il ne l'érigea point et ne fit aucune observation pour laquelle il eut à répondre. C'était la seule et unique à Marseille qu'il donna à la géographie, la première latitude géographique strictement observée et exactement déterminée. La science la répétait avec applaudissements et respect; il n'y avait que l'ignorance de certains écrivains sur la géographie qui s'en révoltait et lui donnait un démenti.

Lorsqu'il rédigeait la période, ou la description de la terre, il devait réfléchir sur différentes traditions géographiques. Sans avoir besoin d'aller sur les lieux et d'étudier leur position, il avait des relations qui lui donnaient des renseignements qui servaient à d'autres écrivains moins habiles. Lorsqu'il les comparait avec ses observations faites à Marseille, il ne lui était guère difficile de remarquer une discordance et une désharmonie occasionnées par l'emplacement trop septentrional de la Grèce. Or en replaçant Byzance et toute la Grèce plus au sud, il diminua l'erreur. En se référant aux récits des barbares, il indiqua la latitude de Thulé; en se rapportant à ceux des Grecs, il signala celle de Byzance et il dit que Byzance n'est pas sous 45° de latitude, mais qu'il est probablement sous le même parallèle que sa patrie à 43° 3' de latitude (151). Par conséquent il a diminué l'erreur de 4° à 2° et cette diminution se communiqua proportionnellement à toute la Grèce, malheureusement placée par Eudoxe trop au nord.

Un astronome-géographe à Marseille, devait se demander, comme ceux de la Grèce, quelle est la grandeur du globe. Peut-être que les supputations des mathématiciens qui comptaient 1111 $\frac{1}{9}$ stades à un degré et 400000 de circonférence, ne lui étaient pas inconnues : mais elles n'obtinrent point son consentement. Il les rejeta et proposa une autre évaluation. Sur ce point, il corrigea la doctrine précédente comme il la corrigea sous différents rapports.

Nous avons vu plusieurs distances en stades et plusieurs latitudes signalées par Pythéas. La Bretagne particulièrement nous offre un triangle dont les côtés ont leurs stades et les angles leur latitude. Ces chiffres ne sont pas donnés au hasard : ils doivent se placer sur la carte d'accord. On sait qu'Ératosthénès et Hipparche retraçaient sur leurs cartes la Bretagne de Pythéas; or, la première idée doit porter à supposer, que les stades de la circonférence de la Bretagne, sont un résultat de leur application à la graduation de ces deux géographes qui comptaient 700 stades dans un degré. Mais si nous plaçons obliquement les deux côtés du triangle, celui de 20000 stades et l'autre de 7500 stades, entre les parallèles des latitudes d'Orcas 60° 50', de Cantion 45° et de Bélérion 48° 30' de la dimension de la terre de 700 stades au degré : le troisième côté entre Orcas 60° 50' et Bélérion 48° 30' aura 15563 stades, ce qui fait 563 stades de plus que ne donne le chiffre attribué à Pythéas. Il est donc évident que le triangle ne peut être appliqué en aucune manière, aux parallèles de la terre dont le degré est évalué à 700 stades. Encore moins sera-t-il d'accord avec les paral-

---

(151) Strab. II, pag. 71, 115.

lèles des degrés à 1111 $\frac{1}{9}$ stades, car à mesure que le degré comptera plus de stades, le troisième côté, au lieu de 15000 stades donnera un nombre plus fort, ainsi que le degré de 1111 $\frac{1}{9}$ stades donne 19709 stades, entre Bélérion et Orcas, au lieu de 15000. Il faut au contraire conclure, que le triangle appartient à une mesure de la terre qui donne des chiffres plus petits et qui compte sur un degré moins que 700 stades.

Entre Orcas 61° et Thulé 66° nous avons dans la direction droite vers le nord différentes estimations de distances qui doivent être identiques. Il y a entre ces deux lieux 5 degrés, six jours de navigation, 3000 stades. Parconséquent Pythéas comptait sur un degré 1 $\frac{2}{5}$ jour de navigation ou 600 stades, et il évaluait la circonférence de la terre à 216000.

Antérieurement nous avons remarqué que Pythéas ayant deux côtés de la Bretagne connus, le troisième était le résultat de leur emplacement oblique entre leurs latitudes relatives. Dès que nous connaissons la grandeur qu'il donnait à un degré, nous allons le suivre dans son opération qui lui donna en résultat 15000 stades.

Les latitudes respectives entre les trois points de la Bretagne, sont en degrés et en stades, comme il suit :

Entre Orcas et Cantion . . 60° 51' — 54° = 6° 50' = 4100
Entre Cantion et Bélérion . . 54° — 48° 50' = 5° 30' = 3300
Total entre Orcas et Bélérion. 60° 50' — 48° 50' = 12° 20' = 7400 stad.

Les côtés connus de 7500 stades et de 20000 stades forment avec ces latitudes et longitudes relatives les triangles rectangles, et ils sont leurs hypothénuses (152).

Entre Bélérion et Cantion l'hypothénuse étant 7500 stades, la latitude relative 3300 ; la longitude par conséquent entre ces deux points sera de 6735 stades.

Entre Cantion et Orcas l'hypothénuse étant 20000 stades, la latitude relative 4100 ; par conséquent la longitude entre ces deux points sera 19563.

Otons la longitude 6735 de celle de 19563, et nous aurons la longitude relative entre Orcas et Bélérion 12828.

La latitude relative entre Orcas et Bélérion 7400 stades et la longitude entre ces points 12828, forment un angle droit du

(152) Voyez la planche n° 6.

triangle rectangle, dont l'hypothénuse est le troisième côté inconnu de la Bretagne, dont la grandeur doit être de la même longueur que la distance entre Orcas et Bélérion donnée par Pythéas. Cette hypothénuse effectivement est de 14809 et toute sa différence y est de 191 de moins sur les chiffres arrondis à 20000 et 15000.

Ce résultat, à mon avis, prouve jusqu'à l'évidence, que la Bretagne à l'opinion de Pythéas formait un triangle obtus, oblong, penché vers l'occident (153); qu'il s'était formé l'idée de la grandeur du globe; que sa carte géographique était basée sur la graduation des parallèles et qu'elle était construite par la triangulation des itinéraires et des distances directes.

La latitude entre Cantion 54° et Marseille 43° 3' étant 10° 57' elle est en stades 6570 (6600). Et les parties septentrionales de la Bretagne, où le jour solsticial est de 18 heures 48° sont éloignées de Marseille de 8950 (9000) stades (154).

Il serait bien important pour nous de savoir, sous quel parallèle Pythéas plaçait le détroit des colonnes d'Hercule. Ératosthénès qui adopta les relations de Pythéas à l'égard de l'Ibérie et de Gades, place ce détroit à 37° de latitude. Après lui l'astrono-

---

(153) Voyez la planche n° 6, 7. — Telle a été l'idée postérieurement de Jules César, de Strabon (n° 10, 11), qui ont diminué la longueur du triangle, mais conservèrent plus ou moins sa direction tournée vers l'occident. Ce n'est que sur les cartes de Marinos et de Ptolémée (n° 12), qu'on a une Bretagne brisée et repliée vers l'orient. Plusieurs scrutateurs attribuaient cette forme bizarre à Pythéas sans fondement et contre toute vérité.

(154) Ces chiffres expliquent peut-être les 6300 stades au nord de Marseille, où chez les Celtes le soleil ne s'élève pas au-dessus de six coudées; et les 9100 stades de Marseille, où il s'élève seulement de quatre coudées, ce qui a lieu dans les parties septentrionales de la Bretagne. Ces distances sont citées par Ératosthénès, Hipparche et Strabon, II, pag. 75. — Gosselin a remarqué une discordance forte avec la mesure de la terre de 700 stades au degré et il se met à bouleverser grand nombre des chiffres rapportés par Strabon, il recommande avec une instance irréfléchie, le changement forcé de 6300 en 7700, et de 9100 en 10500. C'est une singulière manière de raccommoder les contrariétés qu'on rencontre dans les recherches. A mon avis les 6300 et 9100 stades, ont leur source dans les données de Pythéas qui comptait 6600 et 9000 de Marseille. Ératosthénès en les répétant, modifia ces nombres. Il les adapta à ses degrés de 700 stades et à la latitude qu'il donnait à Byz. 45°; pour cet effet il les fixa à 6300 et 9100 (Voyez mes *Badania*, III, 48). Hipparche les relate sans faire remarquer leur transportation de Marseille à un autre point de départ, celui de Byzance; Strabon les cite sans y réfléchir; les scrutateurs modernes sont dans des perplexités pénibles; Gosselin s'en tire tout entièrement en les tranchant sur son plat.

me Hipparche, qui montre non moins de confiance dans les données de Pythéas, donne à ce détroit la latitude de Rhode, savoir, 36°. Il faut remarquer que la latitude de 37° sortait de l'ancienne doctrine (d'Eudoxe), qui plaçait Byzance sous 45° (suivie par Ératosthénès). Pythéas l'a combattue et diminua sensiblement l'erreur de l'emplacement de cette dernière ville. Cette correction entraîna nécessairement et le replacement de toute la Grèce et du parallèle de Rhode, dans lequel, on comprenait aussi le détroit des Colonnes. C'est en adoptant l'opinion de Pythéas sur la latitude de Byzance, reculée vers 43° que Hipparche détermine le parallèle de Rhode à 36°. Il est bien probable qu'il a trouvé cette détermination dans Pythéas qu'il ne désapprouve nulle part, car elle était la suite de la diminution de l'erreur sur Byzance. Ératosthénès au contraire se permit de modifier quelques données du Massilien. Je crois donc avoir raison en admettant que Pythéas dans son passage par le détroit a bien remarqué sa latitude à 36°.

Or, il y a 4230 stades en latitude entre Marseille et le détroit. Leur distance droite est évaluée à 7000 stades. Avec elle on construira un triangle rectangle dont elle formera l'hypothénuse, et la longitude entre le détroit et Marseille sera 5577. Le promontoire Sacré est 3000 stades plus à l'ouest, et le Calbion encore 2000 stades. Par conséquent entre Marseille et Calbion il y a 10577 (10600) stades (155).

Calbion est presque à l'opposite de Bélérion, presque sous le même méridien, or, entre Bélérion et Marseille est la même longitude de 10577 stades. Nous avons vu, que la longitude entre Bélérion et Cantion montait à 6735 stades, or, après sa soustraction de la longitude entre Bélérion et Marseille il restera 3842 stades pour la longitude entre Cantion et Marseille. Pythéas a dit qu'il y avait quelques jours de navigation entre le détroit de Cantion et l'embouchure du Rhin, cette longitude relative entre Cantion et Marseille déterminée à 3842 stades fait supposer que Pythéas croyait trouver l'embouchure du Rhin presque sous le méridien de Marseille, car 3842 stades donnent 7 ½ jours de navigation. Or, il ne se trompait pas beaucoup, s'il prenait l'embouchure septentrionale du Flévo pour l'embouchure du

(155) Voyez la planche n° 6.

Rhin, et s'il considérait l'embouchure de Zandwoord ou Bakkum qui devait exister alors, toute la différence y est d'un degré en longitude (156). Il est évident au reste qu'il tenait assez bien le méridien de Marseille, qu'il avançait les points septentrionaux un peu plus au nord, mais dans la longitude, il s'élançait excessivement à l'occident (157).

Résumons les latitudes et les longitudes de la carte de Pythéas, elles nous indiquent palpablement cette remarque. Voici la latitude :

Détroit des Colonnes et le promontoire Sacré (sous le parallèle de
   Rhode). . . . . 36°
Marseille et Byzance. . . . . 43° 3'
Calbion promontoire et rade, et l'île Ouxisamé. . . . . . 45°
Promontoire Bélérion. . . . . 48° 30'
Cantion et l'embouchure du Rhin. . . . . 54°
Promontoire Orcas (61° ou). . . . . 60° 50'
Thulé. . . . . 66°

La longitude ouest du méridien de Marseille qui traverse l'embouchure du Rhin, en stades offre les chiffres suivants :

Cantion éloigné du Rhin à 7 ½ jours de navigation (4250) 3842
Détroit des Colonnes. . . . . (6000). 5577
Promontoire Sacré. . . . . (9000). 8077
Bélérion et Calbion. . . . . (11000). . . . 10077
Ouxisamé. . . . . (12500). . . . 11577
Orcas et Thulé. . . . . (23813). . . . 23405

Ce qui donne 39° sur l'équateur de la longitude ouest du méridien de Marseille.

Voici à quel résultat nous sommes parvenus par une observation très-simple qui nous a donné la connaissance de la grandeur de la terre. Pythéas a bien facilement remarqué l'excès dans lequel tombaient les mathématiciens qui donnaient la cir-

(156) Si nous admettons 37° pour la latitude du détroit d'Hercule, les chiffres seront: la latitude entre Marseille et le détroit 3630 stades; la longitude entre ces deux lieux 5985; par conséquent la longitude entre Cantion et Marseille 4250. Les chiffres sont plus rapprochés aux nombres ronds: 3600, 6000, 4200 qui se divisent rondement par 600. Enfin, Orcas et Thulé seront éloignés de Marseille en longitude à l'ouest 23800.

(157) Voyez la planche n° 6, 7. — Cette construction de la carte en suivant les chiffres de Pythéas, peut servir de réponse aux conjectures de Malte-Brun, vol. 1 de son Précis de la Géogr. liv. VI, p. 117-20, édit. de Huot, 1831.

conférence à 400000 stades et le degré à 1111 $\frac{1}{9}$. Mais en l'écartant, il lui fallait remplacer leur hypothèse par une autre opinion. Comment est-il parvenu à la diminution de 1111 $\frac{1}{9}$ à 600, cette question est certes de toute importance, pour la science, mais elle ne se laisse résoudre que par des conjectures vagues. Je ne dirai point qu'il y est arrivé par une mesure géométrique, le nombre de 600 stades était plutôt proposé au hasard. Cependant en observant les chiffres qui sont en jeu sur la carte géographique, on peut dire qu'il ne se réglait pas sur les traditions géographiques surannées ; qu'il s'est placé sur un terrain tout-à-fait neuf, exploité par sa propre expérience ; qu'en se référant à des renseignements autrefois entièrement inconnus, il avait des conceptions hardies et son œil habile a su rapporter et combiner les itinéraires et les distances, qui lui donnèrent la grandeur du degré et de la terre.

La marche et les progrès de la géographie, depuis Pythéas.

La doctrine de Pythéas trouva la méfiance et l'incrédulité chez les péripatéticiens, car elle négligea trop vertement les anciens préjugés, elle contrariait leurs conceptions et elle était pour eux quelquefois incompréhensible. Peut-être a-t-elle provoqué quelques controverses et une réflexion qui engagea chacun à scruter sur son propre terrain : mais à peine pouvons-nous apercevoir chez eux quelques particularités tirées des ouvrages de Pythéas. On y discutait quelles sont les zones habitables et on a généralement adopté, que la zone tempérée est habitable, la zone torride ne l'est plus, parce qu'elle est trop chaude, l'autre du cercle arctique ne l'est pas non plus, car elle est trop froide. La carte de Pythéas, et ses découvertes réprouvaient positivement ces hypothèses : mais c'était l'œuvre d'un menteur !

On se séparait à regret de la rondeur du continent et on s'efforçait d'établir une proportion bien déterminée de sa longueur à sa largeur. Elle pouvait être de 5 à 3 (158). Son emplacement sur le globe dans la zone habitable se trouvait entre 24° et 54° entre le tropique et le cercle arctique (159). Puisque le degré comptait 1111 $\frac{1}{9}$ stades, la largeur de la terre habitable, établie par les anciennes traditions reparaissait merveilleusement dans

(158) Aristot. meteor. II, 5.
(159) Comparez Hipp. ad Arati phœn. I, 26, Posidon. ap. Strab. II, page 94.

l'espace de 30°, elle avait 33333 $\frac{1}{3}$ stades (160). Par conséquent la longitude avait 55555 $\frac{5}{9}$ (161).

Mais il s'élevait des doutes sur la grandeur du degré, sa diminution devenait pour la science de jour en jour plus nécessaire. L'avis d'un Massilien tropisolé, ne pouvant prévaloir, on cherchait à se tirer d'embarras par d'autres manières plus populaires. On croyait que Lysimachia (162) était sous le même méridien que Syéné en Égypte. D'après les anciennes traditions leur distance était estimée à 20000 stades (163). On observait qu'au moment où l'écrevisse est dans le zénit de Syéné, la tête du dragon s'élevait au-dessus de Lysimachia, ce qui donnait la 15° du grand cercle entre ces deux lieux. La quinzième étant 20000 stades, la circonférence entière avait 300000 stades et un degré 833 $\frac{1}{3}$ (164). Lysimachia sera donc placée sous le 48° de la latitude, ce qui surpasse toutes les exagérations de la carte d'Eudoxe. C'était un bien bizarre moyen d'évaluer la grandeur de la terre basée sur les aspects célestes grossièrement admis : mais le fait est que l'hypothèse de la dite grandeur existait et qu'on la disait prendre son origine dans cette étrange observation.

Dicéarche en composant sa carte, rejetait les descriptions de Pythéas, détruisait le système d'Eudoxe et cherchait à rétablir quelques anciennes idées, auxquelles il adaptait singulièrement ses corrections hardies et exagérées. Il voulait conserver l'espace homérique entre l'Océan et l'Ithaque, qu'il évaluait à 10000 stades, en comptant, du détroit des Colonnes au détroit de Sicile 7000 et du détroit de Sicile au Péloponnèse 3000 ; il désirait réhabiliter une faible modification de la rondeur du continent qui donnait

(160) En comptant le grand jour ; nuit et jour dont l'itinéraire est estimé par Hérodote, 500 pour la nuit et 600 pour le jour, un grand jour 1100 stades répond à un degré de 1111 $\frac{1}{9}$ stades.

(161) Voyez la carte de la terre ovale suivant l'opinion des contemporains d'Aristote. Cette carte est reproduite ici pour la troisième fois. La première fois elle était dans mes *Badania* n° 32, pour la seconde fois elle se trouvait attachée aux découvertes des Karthaginois et des Grecs sur l'océan atlantique. Elle y est dérangée par la réunion des idées de Pythéas et d'autres idées hétérogènes. Pour cette fois je l'ai dégagée de ces inconvéniens.

(162) La ville de Cardia sur l'isthme de la Chersonnèse, prit le nom de Lysimachia vers 308.

(163) De Syéné à l'embouchure du Nil 7900 stades ; de l'embouchure du Nil jusqu'en Crète 5000 ; de la Crète jusqu'à la Troade 7000. Total 19900. Reste l'espace de l'Hellespont jusqu'à Lysimachia.

la proportion de la longueur de l'ovale à sa largeur comme 3 à 2. Pour indiquer la mesure de la longueur, il détailla un diaphragme ou un parallèle qui passait par Rhode, c'est tout ce que nous savons de Dicéarche (165). Qu'il nous soit permis de faire quelques réflexions et de proposer quelques conjectures.

La latitude ou la largeur de la terre habitable était 30000 à 33333 ⅓ stades. Dicéarche ne pouvait pas diminuer ce nombre. Cette diminution aura été un empiètement sur la croyance géographique, une hérésie contre l'origine poétique de la science, d'un disciple orthodoxe; elle devenait de toute impossibilité sur sa carte, car dès qu'il rétrécissait excessivement sur différents points la longitude, il était forcé de s'étendre en sens détourné de diriger toutes les distances et ses itinéraires vers le Nord. Toutes les péninsules, tous les pays prenaient une forme allongée et élancée au nord. Puisque sa longitude était à la latitude en proportion de 3 à 2, par conséquent la longitude avait 45000 ou 46666 ⅔ stades.

Le parallèle de Rhode a été probablement déterminé en stades par les nombres suivans :

Parties sur l'Océan.	3000
Depuis le détroit des colonnes par la Sardaigne jusqu'au détroit de Sicile.	7000
Depuis le détroit de Sicile jusqu'au Péloponnèse et la bouche de la mer adriatique.	3000
La mer Egée 5000, et la péninsule de l'Asie jusqu'au golfe d'Issus 5000.	8000

Total 21000, jusqu'à l'Euphrate 2333. L'autre moitié du parallèle, passe par le mont Taurus et traverse l'Asie jusqu'au mont Imaos baigné par l'Océan. Observons, que la bouche de la mer adriatique, c'est-à-dire le mont Ceraunia, est placée sous le même méridien que le Péloponnèse, contre l'opinion d'Eudoxe qui plaçait Ceraunia sous le même parallèle que le Péloponnèse (166).

(164) Aristot. meteor. I, 8; Cleomed. cycl. theor. I, 8.

(165) Dicearch. apud Strab. II, pag. 205; ap. Agathem. I, 1.—Ses cartes étaient très-estimées, Cicero ad Attic II, 2; VI, 2. Sa description de la Grèce βίος Ἑλλάδος, se distinguait par son exactitude, Hieronym. adv. Jovian. II. Il voyageait, il mesurait la hauteur des montagnes et donnait une description de celles du Péloponnèse, καταμέτρησις τῶν ἐν Πελοποννήσῳ ὀρῶν, Suid.; Plin. II, 65.

(166) Comparez nos cartes d'Eudoxe et de Dicéarche.

GÉOGRAPHIE.

La reconnaissance récemment faite dans les Indes et les nouvelles arrivées de l'Égypte, assuraient que la terre est habitable entre le tropique. Alors les savants reculèrent avec leurs hypothèses, mais ils les retranchèrent dans un moindre cercle. La zone torride inhabitable, ne s'étendait de l'équateur qu'à 12° 30'. Depuis ce degré, le continent est effectivement habitable, jusqu'au cercle arctique de 54°. Cette petite infraction dans l'intérieur du tropique favorisa beaucoup l'emplacement de la totalité de la latitude de 30000 à 33333 ⅓ stades sur un globe moindre que n'en présumaient les anciens mathématiciens.

Dicéarche n'admettait guère le degré de 600 stades, parce qu'il ne goûtait pas la doctrine de Pythéas. Il devait aussi rejeter le degré de 1111 ⅑, car la latitude graduée par ce degré, renfermait le continent habitable au nord du tropique et il est plus qu'improbable, que Dicéarche eût présenté à Théophraste une terre coupée par le tropique. Il faut donc conjecturer qu'il choisit une autre supputation de la grandeur du degré. On inventa alors la grandeur du degré de 833 ⅓. Peut-être Dicéarche adoptait-il cette invention. La latitude de 33333 ⅓ stades, est juste de 40 degrés à 833 ⅓; elle se place entre 54° et 14°.

Dicéarche ne dérangeait point les latitudes convenues, il n'admettait pas la diminution de l'erreur sur l'emplacement de Byzance proposée par Pythéas, il a donc conservé sa latitude ancienne de 45°. L'Euxin de 3300 stades, donne l'embouchure du Borysthènes à 49°; puis la Scythie 4000 stades donne 4° 45' et finit la terre habitable au nord à 53° 45' ou 54°, où le menteur Pythéas voulait indiquer des régions habitées, inconnues aux autres. Au reste Dicéarche n'était pas astronome. Il ne concevait point comment il se fait que les étoiles visibles dans un lieu sont invisibles ailleurs : il admettait cependant la forme sphérique de la terre parce qu'il avait remarqué des variétés dans le lever et le coucher du soleil et de la lune (a).

Le système de Dicéarche favorisa beaucoup plusieurs latitudes géographiques de la Grèce portées trop au nord. Beaucoup d'écrivains postérieurs ne savaient point réprouver cette erreur. Aratus vers 270, donna son consentement à tout ce que disait autrefois Eudoxe sur ce sujet, après lui Attale vers 200, par ses propres

---

(a) Dicearch. ap. Mart. Cap. VI, p. 192.

élucubrations faites sur les lieux mêmes, s'est convaincu que dans les cantons de la Grèce, le plus long jour au solstice, avec la plus courte nuit est en proportion de 5 à 3 et il a constaté tous les récits d'Eudoxe et d'Aratus (167). Mais le système de Dicéarche, relativement à la Grèce, avait un immense avantage sur le système d'Eudoxe, car il tournait les côtes entre Ceraunia et Sounion, vers la direction du méridien; il avança avec le Péloponnèse et l'Attique vers le midi, par conséquent ces derniers dans le climat de 37° de latitude. Corinthe avec son golfe devait se trouver sous le 38°. L'espace connu de Rhion ou de la bouche de ce golfe jusqu'à Ceraunia, ou la bouche du golfe adriatique évaluée ordinairement à 2500 stades (168) comptés sur le méridien donnent 3° et font remonter le mont Ceraunia, à 41° seulement. Le golfe adriatique avançait toujours vers le nord et élançait le fond de ce golfe, et du golfe ligurique jusqu'au 48° du nord. Ce système a eu beaucoup de sectateurs; on le retrouve particulièrement dans différentes controverses qu'agite Polybe (169). Les degrés de 1111 ½ stades et de 833 ⅓ stades furent bientôt abandonnés et oubliés (170).

Cratès, qui vivait vers 320, ne devait pas avoir de répugnance à adopter les récits de Pythéas, car il concevait que les hommes pouvaient vivre dans l'intérieur du cercle arctique même jusqu'au pôle. Il disait que sous le 64° 30', habitaient les Lestrigons, et plus au nord encore, où le jour durait six mois, et la nuit les autres six mois, là, séjournaient les Cimmériens. La terre habitable touchait presqu'au pôle et s'étendait jusqu'au tropique où demeuraient les Éthiopiens. Elle avait la figure d'un demi-cercle, par conséquent elle était deux fois plus longue que large (a). Sa latitude depuis le tropique, jusqu'au pôle, donnait 66° et sa longitude avait 132 degrés de l'équateur ou plutôt 145 degrés du tropique. Quelle a été la grandeur de la terre et du degré dont

(167) Hipparch. ad phœn. I, 5, pag. 179.
(168) Voyez Scylacis peripl. I, 26-43; mes recherches, *Badania* III, 21.
(169) Voyez la carte de Dicearche. — Ce qui est dit sur Polybe, dans nos *Badania* III, 67-75.
(170) Nous remarquerons que Megasthènes rattachait sa description de l'Inde au degré de 1111 ½ stades dont se servaient Aristote et Eudoxe. — Daïmache semble plutôt se servir du degré de 833⅓ stades. — Voyez *Badania* III, 38, 39.
(a) Crates apud Agathem. I, 5; ap. Gemin. 5, 13; ap. Strab. II, pag. 98. — Voyez notre pl. n° 8.

se servait Cratès? Je réponds, que bien probablement elle était empruntée de Pythéas et qu'elle comptait 600 stades sur un degré. Voici ce qui me le fait présumer. 66° de 600 stades font 39600 stades ou en chiffres ronds 40000, pour la latitude ; la longitude est double 79200 ou 80000. Ératosthénès et l'école d'Alexandrie, adoptèrent cette proportion et ces chiffres en changeant la grandeur du degré et de la terre (171).

Cratès construisait les globes artificiels, où il traçait les parallèles et les méridiens (172). Le continent en forme de demi-cercle y figurait et un autre continent latéral, de la même forme, couvrait une autre moitié du même hémisphère arctique. Sur une autre hémisphère dit antarctique, il y avait le troisième et le quatrième continents latéralement placés, qui étaient opposés à ceux de l'hémisphère arctique. Il y avait donc une terre habitable, une autre latérale, une troisième opposée, et la quatrième latérale de l'opposée. Dans la zone torride, entre les tropiques, il n'y avait pas de terre, mais on savait que sur le continent opposé, demeuraient les autres Éthiopiens : Homère en parle, lorsqu'il indique les doubles Éthiopiens. On aimait mieux parler avec assurance des continents latéraux, opposés, que de la Bretagne et des autres découvertes de Pythéas.

La savante école d'Alexandrie, avait plus d'égard pour les efforts scientifiques, et elle ne pouvait être indifférente aux découvertes de Pythéas. Ératosthénès doutant s'il devait en général ajouter foi aux relations de ce navigateur, les adopte en particulier à l'égard de la Bretagne, de Gades et de l'Ibérie (173), il enclavait dans sa longitude, toutes les distances jusqu'à Calbion, négligeant le reste (174), où les îles et la Bretagne s'avançaient plus à l'ouest. Quant à la Grèce, Ératosthénès sympathisant plus avec Eudoxe et y modifiant quelques particularités, se refusait d'accepter les diminutions des fautes proposées par le Massilien. Toutes les mesures connues d'Ératosthénès, forcent à placer Byzance, à la manière ancienne sous le 45°. Hipparche

---

(171) Je dois cependant faire remarquer que la latitude convenue de 33333 stades divisée par 66° donne 505 stades ou 500 à un degré. Peut-on conclure que Cratès devança les astronomes et les géographes postérieurs avec l'hypothèse de 500 stades au degré?

(172) Strab. II, pag. 116; Gemin. 13, pag. 53. — Voyez pl. n° 9.

(173) Polyb. ap. Strab. II, pag. 104.

(174) Eratosth. ap. Strab. I, pag. 64.

reprenant les travaux géographiques, se rattacha avec plus de confiance aux relations de Pythéas, il donna la description des climats septentrionaux d'après ce voyageur; nulle part il ne le désavoue, et ne le réprouve pas. Pythéas a jugé que Byzance est placée sous le parallèle de Marseille; Hipparche sur sa foi était de la même opinion, car suivant Hipparche, la proportion de l'ombre au gnomon à Byzance est la même que Pythéas prétend avoir observée à Marseille (175). Qu'on ne veuille pas m'accuser qu'après avoir disculpé le navigateur massilien, je désire par le passage précité, rejeter la faute sur Hipparche et le charger d'une observation inexacte faite à Byzance. On se répétait mutuellement de bonne foi, et Hipparche croyait avec plus d'assurance à la proportion donnée de l'ombre au gnomon, que ne le croyait Pythéas, lorsqu'il rassemblait les renseignements des barbares et des Grecs, et diminuait l'énorme erreur de la latitude byzantine. La foi et la crédulité de Hipparche sont au reste très-remarquables, car il observait dans les pays, où le grand jour solsticial est de 15 heures, et en Bithynie tout près de Byzance (176), et il n'a pas remarqué son déplacement de 2°. Plusieurs écrivains postérieurs, ignorants sur différents points, se fâchaient sans mesure, de ce qu'un astronome, géographe, navigateur et voyageur, trouva un éclatant consentement chez plusieurs savants grammairiens et astronomes; ils ne savaient pas déterminer ses fautes, encore moins apprécier son mérite; au rapport de leur conception, Pythéas était menteur lorsqu'il déterminait la position d'Orcas, il l'était aussi lorsqu'il déterminait celle de Marseille. Le fait est que 200 ans plus tard Hipparche n'avait pour son usage que des latitudes géographiques déterminées de six lieues; savoir, d'Alexandrie, de Rhode, de Syéné, de Ptolémaïs épithéras, de Bérénice troglodytique, en y comptant Marseille (a). Mais les adversaires de Pythéas se récriaient contre son gnomon,

(175) Ὡς φησιν Ἱππαρχος πισθεύσας Πυθέα. ἐπεὶ γὰρ ἐν Βυζαντίῳ τὸν αὐτὸν εἶναι λόγον τοῦ γνώμονος πρὸς τὴν σκιὰν ὃν εἴρεν Πυθέας ἐν Μασσαλίᾳ. Strab. II, pag. 115.

(176) Ptolem. de apparentiis, pag. 93, 94.

(a) Il faut encore observer que la recherche des latitudes, a été infiniment facilitée, par une ingénieuse invention d'Aristarche le Samien qui, vers 280, plaça un petit gnomon dans un σκάφη, coupe ou demi globe creusé (Vitruv. IX, 9). Voyez Gunt. Carl Fridr. Seidel, Eratosthenis geographicorum fragmenta, Gottingæ, 1789.

et se donnaient toutes les peines imaginables pour déplacer la position de Marseille (177).

Ératosthènes a mesuré la terre, peut-être qu'il a voulu vérifier l'évaluation du degré donnée par Pythéas. Sa mesure a acquis toute confiance dans l'antiquité, Hipparche lui-même ne l'a pas contestée ; elle influença pendant plusieurs siècles la géographie et ses cartes. C'était une entreprise louable, édifiante, la première de ce genre, peut-être unique dans l'antiquité : mais elle ne s'accorda point avec le chiffre fixé par Pythéas. On connaît aujourd'hui son côté faible, on sait comment elle donna au degré un nombre de stades trop fort. C'est qu'Ératosthènes ajouta quelques stades pour arrondir 700 stades au degré ; qu'il a ajouté quelque chose pour arrondir 5000 stades déterminant la distance entre Syéné et Alexandrie ; qu'il a cru enfin Syéné et Alexandrie placées sous le même méridien, tandis qu'elles ont entre elles une longitude relative de 2° 59' 19", et la distance droite de Syéné à Alexandrie n'est pas de 7° comme le pensait Ératosthènes, mais de 7° 33' 57" (178). Certes la détermination de la grandeur du degré proposée par Pythéas, ne peut pas être mise en comparaison avec le procédé géométrique d'Ératosthènes, puisque nous n'avons aucun droit d'attribuer à Pythéas l'honneur d'une mesure positive : mais en réfléchissant que les évaluations anciennes du degré à 1111 ½ stades et à 833 ⅓ étaient exagérées, que celle d'Ératosthènes était de même un peu trop forte, que celle de Pythéas fixait un nombre bien plus petit, on se demande, s'il n'est pas tombé dans un excès contraire avec ses 600 stades au degré. Pour résoudre cette question, il ne faut que savoir la valeur du stade.

Évaluation des mesures employées par Pythéas.

L'évaluation des mesures anciennes, devient de jour en jour plus claire, et il faut espérer que toutes les controverses seront bientôt aplanies. Les variétés des stades imaginées par les inves-

---

(177) Polybe, Strabon et peut-être Artémidore. Beaucoup d'autres étaient plus judicieux ; par leurs soins la géographie du temps d'Auguste a acquis une certaine perfection. Marcien d'Héraclée (pag. 63), compte Pythéas de Marseille parmi les géographes les plus exacts, qui méritent confiance.

(178) Badania III, 45.

tigateurs de l'évaluation différente du degré dans l'antiquité, sont déjà très-justement écartées : on ne cherche plus que les stades qui étaient positivement en usage. Sans doute, les longueurs effectives des stades, différaient entre elles suivant les lieux et le temps : mais cette différence doit être établie par les témoignages des contemporains, par les monuments, par des faits incontestables. Dans les siècles de l'antiquité plus avancés, cette variété des stades est bien avérée. On connaît l'origine et la naissance de plusieurs. Dans les siècles antérieurs, les historiens, les géographes, les nombreux écrivains, n'ont pas remarqué de différence dans le stade et n'ont proféré aucune plainte de l'embarras que devait causer leur variété. Hérodote signale quelques différences de l'aune, de la coudée, et ne dit pas un mot de la différence du stade. Jusqu'au temps de Polybe et de la domination romaine, cet assentiment général, pour un stade unique, dirige les paroles de tous les écrivains, et est vraiment remarquable. On indique plusieurs estimations de la grandeur du globe et de son degré, et jusqu'au temps de Posidonius, jamais on n'a supposé qu'il y ait une différence de stade : toujours on observait que le globe était plus grand ou plus petit à raison des circonférences de 400000, de 300000, de 216000, de 250000 stades, admises selon la grandeur de la terre imaginée par les auteurs. Or, un stade, pris pour mesure itinéraire, était à cette époque le même, et si sa longueur différait quelque part, elle devait être imperceptible et de peu de valeur à l'opinion des contemporains. Nous avons suivi leur opinion unanime et nous n'avons nulle part inventé de controverses inutiles pour les combattre sans succès. Cet accord des anciens est vraiment étonnant.

Polybe a comparé les stades avec le mille romain, et il a trouvé qu'un mille tient 8 stades et 2 plèthres, c'est-à-dire 8 $\frac{1}{3}$ de stades. La géographie fourmille d'innombrables exemples que cette proportion a été généralement connue surtout dans la Grèce elle-même.

Bientôt une variété se manifeste dans la comparaison des stades avec les milles. On avait un stade dont 8 fesaient un mille. Cette proportion a été très-accréditée, elle reparut presque sur tous les points des ouvrages latins sur la géographie. Les monuments attestent une existence antérieure de ce stade, puisque la longueur des ruines du temple de Parthénon à Athènes, donnent un pied et un plethron qui répondent à la grandeur de ce stade (179).

Je ne puis indiquer aucun autre stade qui se rapporte à des temps aussi reculés, même, je ne suis pas certain et je doute beaucoup, si le stade de 8 au mille a eu son existence plus ancienne que les conquêtes des Romains. Un pied qui lui servait depuis pour sous-division, pouvait avoir son usage, sans que le stade ait positivement existé.

La grandeur du mille romain est bien déterminée. On a trouvé plusieurs étalons du pied romain qui offre une dimension exacte de 294,61 millimètres (180). 5000 pieds fesaient un mille; or, elle était de 1473 mètres; le stade de 8 ⅓ au mille, avait 176,76 mètres; et le stade de 8 au mille 184,13 mètres.

Pythéas déterminait les distances en stades et en jours de navigation évalués à 500 stades. Il s'est servi d'un seul stade qui ne diffère pas de celui qui était en usage en Égypte; car Ératosthénès ne le distingue point, et accepte les mesures de Pythéas. Mais lorsqu'on rapporte les distances données par ce voyageur aux distances réelles, on est surpris de voir les proportions trop disparates. La distance de 7000 stades en ligne droite entre Marseille et le détroit des Colonnes, est un peu

(179) Je ne donne pas de nom à ces deux stades de 8 ⅓ et de 8 au mille. Freret a nommé le premier olympique, l'autre italique. J'ai suivi son opinion dans une notice sur les mesures des distances chez les anciens, Varsovie 1814; et dans mon ouvrage *Budanta*, Vilna, 1818. Cette dénomination est empruntée de Censorinus, de die natali, caput 13. Je ne sais pas pourquoi M. Saigey dans son excellent ouvrage, traité de métrologie ancienne et moderne, Paris 1834, accepte ces noms à la renverse. Le Parthénon d'Athènes n'est pas un stade olympique. L'aulos où le stade à la course, n'en est pas non plus le stade itinéraire. Les stades-aulos, au pied du mont Parnasse et celui d'Athènes offraient environ 192 mètres. Ce n'est pas la dimension d'un stade itinéraire quelconque.

(180) M. Saigey, pag. 65, 66, de sa métrologie, cite neuf monuments du pied romain et comme d'ordinaire il prend une moyenne pour fixer l'évaluation à 294, 5 millimètres. Pour cette fois à mon avis rien ne nécessite d'y chercher une moyenne. Le pied de la voie Appienne étant avéré trop faible, comme inexact, ne peut servir de modèle; les pieds Cossutien et Statilien sont aussi trop faibles, parce qu'ils sont fort endommagés, et il ne convient pas de les introduire dans la comparaison avec les autres; le pied de Poetus, aussi plus faible, n'est qu'une copie d'un ancien pied qu'il prenait pour un pied grec, il est privé d'un caractère suffisant d'authenticité. Tous les autres authentiques, et très-bien conservés donnent d'accord la longueur de 294, 61 millimètres. Je crois qu'il convient d'accepter cette dimension sans aucune diminution.

courte, celle entre Bélérion et Cantion excessivement grande, et celle de Bélérion à Orcas, monstrueusement étendue. Cette immense disproportion ne se laisse point expliquer par la variété des stades, non. La source existe dans le voyageur qui ne savait point surmonter les difficultés pour estimer d'un seul coup son itinéraire en stades, encore moins le réduire dans une direction droite, ce n'est qu'après des voyages réitérés et trop fréquents, qu'on a réussi à fixer assez exactement la distance droite entre Marseille et le détroit des Colonnes.

Quant à la Bretagne, toute l'antiquité n'a pas été trop heureuse, comme on le voit par le tableau comparatif placé en regard. Il y règne une discorde extraordinaire. Pythéas excède sur tous les points, mais bien moins entre Bélérion et Cantion, car la navigation y était plus familière : infiniment plus entre Cantion et Orcas, car il y allait pour la première fois. On ne peut pas dire que les chiffres rapportés sont pris par une mesure en stades, car ils étaient le résultat des jours employés dans la traverse. Ces jours étaient comptés sans distinction par 500 stades quoiqu'ils ne donnaient point ce nombre, ils donnaient des nombres très-différents et le voyageur n'y réfléchissait guère. On traversait en 5 jours la distance de Gades au promontoire Sacré, où l'itinéraire donne à peu près 1500 stades ; or, l'on fesait 300 stades dans un jour. Depuis Bélérion jusqu'à Cantion on allait en 15 jours, l'itinéraire y donne réellement à peu près 3700, or, le jour vaut 240 stades. Les 40 jours que Pythéas a perdus en allant de Cantion à Orcas ne sont que de 200 stades, et sur la mer ouverte jusqu'à Thulé peut-être fesait-il encore moins de stades en une journée.

La proportion du mille aux stades étant établie, et la grandeur du mille étant fixe, on voit qu'il y avait dans un degré :

75,43 milles romains.
628,78 stades de 8⅓ au mille.
603,64 stades de 8 au mille.

Il est donc indispensable de conclure que les 600 stades, donnés par Pythéas à un degré se rapprochent infiniment de la vraie dimension du degré. Admettons qu'un pur hasard décida l'astronome massilien à fixer ce nombre : il conservera toujours un mérite d'avoir eu ce bonheur, lorsque l'application des princi-

TABLEAU COMPARATIF
DES DISTANCES DE TROIS COTÉS DE LA BRETAGNE.

	PYTHÉAS.	JULES CÉSAR.			STRABON.	PTOLÉMÉE.	RÉELLES.	
	Stades.	Milles.	Stades de 8 ¼ au mille.	Stades de 8 au mille.	Stades.	Itinéraire en stades.	Itinéraire en stades.	Distance droite en stades.
Depuis Bélérion *cap Bolleit*, à Cantion *cap Pepper-ness*	7500	500	4150	4000	4400	4940	3700	2725
Depuis Cantion, *cap Pepper-ness* jusqu'à Orcas ou Taruedum, *cap Duncansby*.	20000	800	6666⅔	6400	4300	11000	8000	4821
Depuis Orcas, jusqu'à Bélérion	15000	700	5833⅓	5600	4300	16260	. . . .	5450
TOTAL. . .	42500	2000	16650	16000	13000	32200		12996

pes de la science fut très-grossière. C'est alors qu'il a observé l'obliquité de l'écliptique, qu'il a remarqué le vrai emplacement du pôle, sans astre; qu'il a fait usage du gnomon et déterminé exactement la latitude de Marseille; qu'il a fixé la grandeur du globe et du degré rapproché infiniment à sa véritable valeur; qu'il a donné des renseignements entièrement neufs sur les contrées occidentales et septentrionales de l'Europe. Cet homme extraordinaire, dans sa patrie isolée du reste de la Grèce, devançait sous tous les rapports ses compatriotes.

J'espère qu'on ne me reprochera point d'avoir écrit son panégyrique, ni son apologie. Mon mémoire a eu pour but, d'analyser ses narrations et ses travaux, d'y distinguer ce qui est vrai et ce qui est faux, d'expliquer ses fautes et leur origine, d'apprécier ses opinions et sa science. Son mérite ne pouvait être que relatif à ses contemporains, ses prédécesseurs et ses postérieurs, relatif à l'état des connaissances humaines. Pour le faire ressortir, je suis entré dans quelques détails plus significatifs des connaissances géographiques de ces temps. Il y a beaucoup plus à dire sur leur marche, et je n'en ai parlé, qu'autant qu'elle avait de rapport avec Pythéas.

TABLE DES MATIÈRES.

	Pages
Préface de l'éditeur.	5
Médailles grecques et monnaie mérovingienne.	10
PYTHÉAS DE MARSEILLE ET LA GÉOGRAPHIE DE SON TEMPS.	11
Relations des Grecs avec l'Occident, antérieures à Pythéas.	15
PYTHÉAS VOYAGEUR	24
L'Ibérie et la Celtique tournées par Pythéas.	26
Bretagne et Thulé découvertes par Pythéas.	29
Pythéas reprend son voyage pour aller au-delà du Rhin jusqu'au Tanaïs.	38
Opinion des Grecs sur l'Occident depuis Pythéas jusqu'aux Romains.	45
PYTHÉAS GÉOGRAPHE ASTRONOME	48
État de la géographie, antérieure à Pythéas. *Eudoxe de Cnide, Éphore*	49
Carte géographique de Pythéas.	55
La marche et les progrès de la géographie, depuis Pythéas. *Hipparche, Dicéarche, Aratus, Attalus, Cratès, Ératosthènes.*	62
Évaluation des mesures employées par Pythéas	69

FIN DE LA TABLE.

www.ingramcontent.com/pod-product-compliance
Lightning Source LLC
LaVergne TN
LVHW020108100426
835512LV00040B/2137